m.O

はじめに

冬の夜、炉《ろ》ばたで、にえたぎる鉄びんの音を聞きながら、おばあさんにむかし話をせがむ子どもたち、おとうさんの炉ぶちにすいがらをたたくキセルの音があいの手になって話がすすむ。はだか電燈《でんとう》の光のとどかない暗やみに、むかし話の中に登場するおじいさん・おばあさん・動物たちを思いうかべて聞きひたる。

いく度となく聞く話だが、そのたびごとにちがった印象《いんしょう》をうける。だが話は短い。

「おばあさん、もっと長い話をしておくれ。」

「天からな、長い長い帯《おび》がひらひらっておりてきたんだと。取るべえと思ってたぐると、いくらたぐってもたぐってたぐっても、たぐりきれねえんだと。」

「それから。」

「たぐってもたぐっても、帯はたぐりきれねえんだと。」

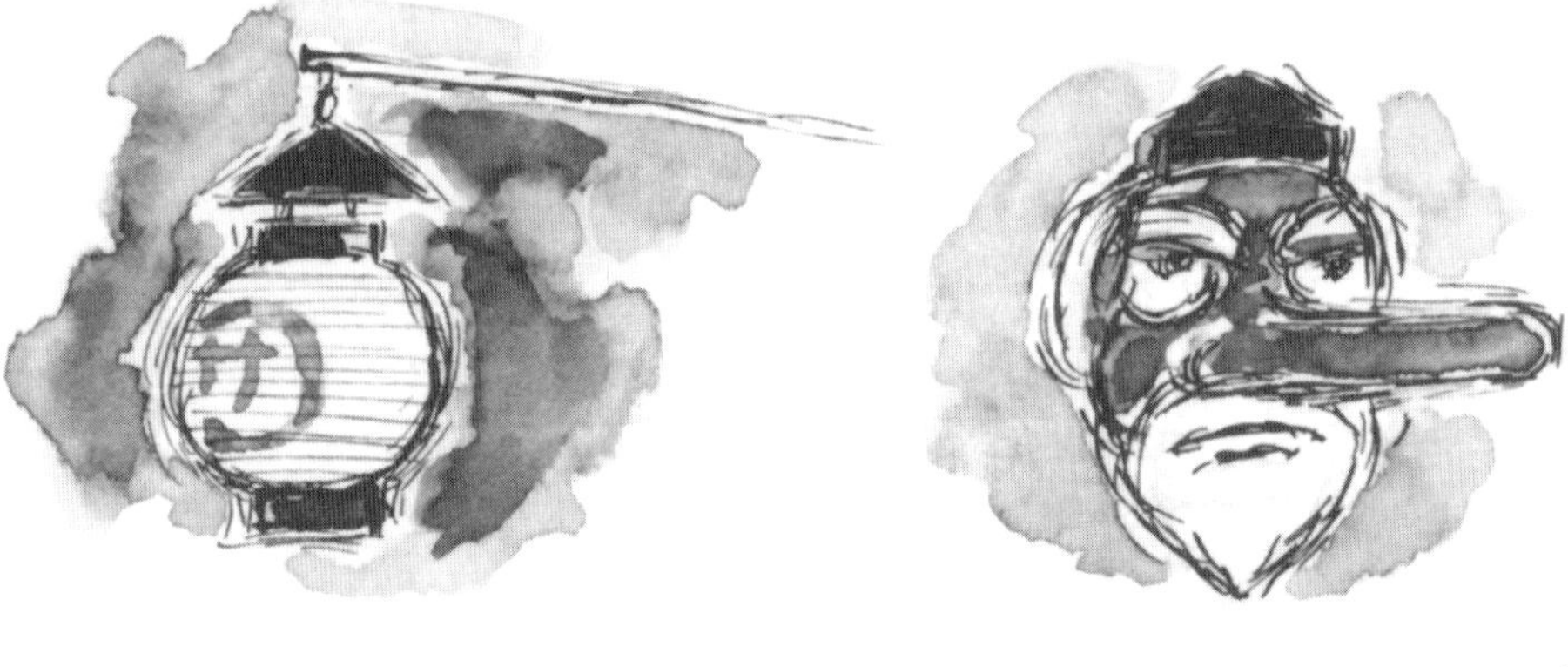

きりなく同じことがくり返される長い話が始まると、子どもたちはあきらめてねどこについた。

こんな光景《こうけい》が、ずっと前には、山里によく見られたものです。まだ、テレビが夜の主役として登場しないころのことです。

むかし話は、ずっとむかしから、こんなふうにして、子ども・孫《まご》へと語《かた》りつがれていたのです。しあわせになった話・こっけい話、それらの話のひとつひとつに、むかしの人たちのねがい・やあこがれ、そしていましめなどがこめられているようです。

この本には、県下各地に、今も残《のこ》っているむかし話がのせられています。生活のしかたのはげしい変《か》わり方によって、忘《わす》れ去《さ》られ消えほろびようとする話を聞きとり記録《きろく》して編集《へんしゅう》したものです。話し手の語りくちを生かし、方言もそのままに文字化したので、あらっけずりで、かざりけのない文章になっています。それだけに、また、読むみなさんの心を深くとらえるものがあるかと思います。

この本がみなさんにとって、むかし話に親しむひとつのきっかけとなったら幸《さいわ》いです。

群馬昔ばなし研究会

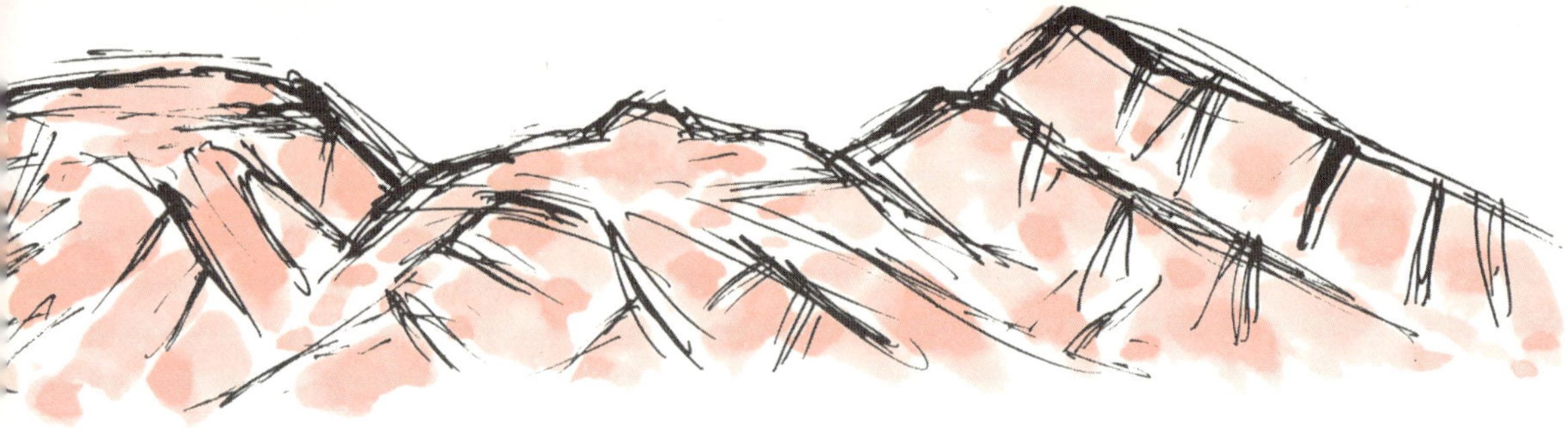

もくじ

動物の話

いわれ話など

お地蔵《じぞう》さまの話

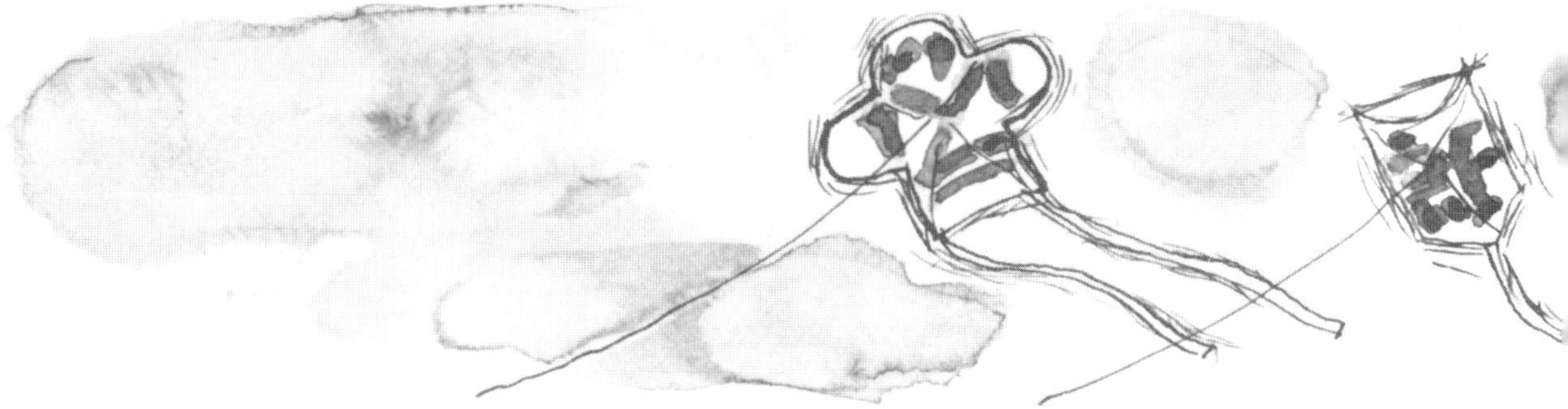

こっけいな話

＊各話の採話《さいわ》地《ち》は、すべて採話当時の地名を載《の》せています。

群馬のことば

群馬県は関東平野《かんとうへいや》の北端《ほくたん》にあり、その周囲《しゅうい》を長野《ながの》、新潟《にいがた》、福島《ふくしま》、栃木《とちぎ》の県が取り囲《かこ》んでいます。南を除《のぞ》く県境《けんざかい》には山々がそびえていますが、古くから群馬にはいくつもの重要《じゅうよう》な街道《かいどう》があり、峠《とうげ》を越《こ》えて、あるいは利根《とね》川の水上《すいじょう》の道を通って、四方のことばが人びとともに行き交ったに違《ちが》いありません。現在《げんざい》の日本の方言《ほうげん》は江戸《えど》時代《じだい》の藩政《はんせい》と深い関係《かんけい》にありますが、群馬には大きな藩がなかったために、それぞれの地域《ちいき》の位置《いち》や自然環境《しぜんかんきょう》、生業《せいぎょう》、そして道が運んでくることばの影響《えいきょう》を受けながら、現在の方言の基盤《きばん》ができたと考えます。

群馬の方言の骨組《ほねぐ》みは東京や埼玉などとほぼ同じですが、よく観察《かんさつ》するとさまざまな特徴《とくちょう》がみつかります。県内の方言は、大きくは次のように分けることができます。

①利根《とね》や吾妻《あづま》の北部山間部の方言　②前橋《まえばし》・高崎《たかさき》とその周辺《しゅうへん》地域を含《ふく》む西部の方言　③邑楽《おうら》・舘林《たてばやし》の東部の方言

方言の特徴

1. ベーとダンベー　群馬と言えば、まずはべいべいことば。県内の広い地域でベーとダンベーが使われます。たとえば、「書こう」は書クベー、「書くだろう」は書クダンベーと言います。なお、①の利根では、「書こう」は書クッペー、「書くだろう」は書クダッペー・書クッペーです。

2. キナイ（来《こ》ない）　群馬では「来る」が「ない」や「られる」に続く時に、キナイ、キラレルとなります。この特徴もよく知られています。

3. 文末《ぶんまつ》のことば　文末のことばには、方言色がよく表れます。たとえば、「暑いねえ」の「ねえ」に当たる群馬の方言には、ムシ、ノー、ナー、ネー、ナイがあり、しかも、話の受け手が話し手より年上か年下かによって使い分けられています。たとえば①では、年上には「暑いムシ」、年下には「暑いナー」と言います。文末のことばが敬語《けいご》の働《はたら》きもしているのです。

4. はねる音ンとつまる音ッ　群馬の方言にははねる音とつまる音がたくさん使われています。タンネー（足りない）やキモン（着物）のように「り」や「の」がンとなるばかりでなく、ホックビ（穂首《ほくび》）やコマッケー（細かい）、ゴンボ（ごぼう）のように、共通語《きょうつうご》では「っ」や「ん」は入らないところにもそれを加《くわ》えて発音します。群馬の方言が歯切れよくリズミカルに聞こえる所以《ゆえん》です。

5. イグ（行く）　群馬では「行く」はイグと発音します。「行かない・行けば」もイガナイ・イゲバとなります。

6. 江戸のアクセント　群馬には語の最初《さいしょ》を高く発音するアクセントをもつものが多くありますが、その中には、江戸時代の江戸のアクセントを留《とど》めている語が入っています。たとえば、ナカセンドー（中山道）やツキハナス（突き放す）がそれです。

7. オコサン（蚕）　群馬は養蚕《ようさん》が盛《さか》んだったことから養蚕に関する語が豊《ゆた》かです。「蚕《かいこ》」のことをオコサンと言っていることからも大事な生業であったことがわかります。カーバラ（桑畑《くわばたけ》）やドドメ（桑の実）という語もあります。語は群馬の歴史《れきし》や生活と深く関わっているので、むかし話を読みながら、そして歴史や生活を調べながら、群馬らしいことばを探してみてください。

（篠木れい子）

しあわせになった話

源《げん》五《ご》郎《ろう》ネズミ

むかしむかし、京都《きょうと》に、源五郎《げんごろう》という長者《ちょうじゃ》（お金持ち）があったんだと。

まだ、源五郎がびんぼうだった、ある年のこと、雨が降《ふ》り続《つづ》いたり、日照《ひで》りが長く続いたりして、田畑《たはた》の作物が育《そだ》たないで食べ物がなくなってしまったんだと。はじめのうちは、ヒエやアワなど食べていたんだがそれもなくなってしまったんで、しかたなしに五条河原《ごじょうがわら》に行って、どうしたもんかと思案《しあん》していると、ネズミがすもうを始めたんだと。

バタラ、バタラと、やせたネズミが土俵《どひょう》にあ

がると、

「京《きょう》の源《げん》五郎《ごろう》、ひっこんでろ。」

と、声がかかったんで、そのネズミはすごすごと引きさがったんだと。

東の関《せき》（すもうとり）、西の関と出て取り組むのを見て帰ってきたおじいさんは、おばあさんに、いま見た五条河原《ごじょうがわら》のネズミの話を聞かせたんだと。そして、うちのネズミになにか食わせてやろうと、家じゅうさがしたがなにもないんで、しかたなく、ちょうどはた糸（織物を織る糸）が一反《たん》ぐさ（ほど）（着物一枚《いちまい》ができる長さ）あったので、それを売ってもち米を買ってきたんだと。うすがないので、木鉢《きばち》（木で作った鉢）でついて、おじいさんは、

「ネズミどん、ネズミどん。もち食って勝ってくださいよ。」

といったんだと。夜になると、ネズミが、
　ピーピー　カタン
　カチコチ　カチコチ
って、夜なかじゅう食べて、朝起《お》きるまでには、みんな食べてしまったんだと。

おじいさんは、

「おばあさんや、五条河原へすもう見に行ってくるよ。」

といって、アワのおむすびを持って出かけていって、五条河原で、松《まつ》の木にこしをかけて見ていると、源五郎ネズミが、デシン、デシンと土俵《どひょう》をふみならして出てきたと。ほかのネズミが、

「おまえは、おばあの古《ふる》ふんどしでもかじったか。」

とからかうと、源五郎ネズミは、

「こうみえても、もち米の兄《にい》さんだ。」

と、やりかえしているんだと。そして、大阪《おおさか》の鴻池《こうのいけ》、奥州《おうしゅう》の本間久四郎《ほんまきゅうしろう》、越後《えちご》の田辺《たなべ》、小千谷《おじや》の西脇《にしわき》、水原《すいばら》の市島《いちじま》、大戸《おおど》の加部安《かべやす》など長者《ちょうじゃ》のネズミがつぎつぎに出てきたが、みんな二人《ににん》がけ、三人がけで、スポンスポンと投げてしまったんだと。

この日の勝ちずもうには、米十俵《ぴょう》、しょうゆ十たる、お金百斤《きん》ということで、源五郎ネズミは、大勝《おおがち》、大勝利《だいしょうり》になって、土俵がみえないくらいほうびをもらったんで、それで、おじいさんは大喜《よろこ》びで家に帰ったんだと。

夜、おじいさんとおばあさんがねてから、ほかのネズミが、

「どうして強くなったんだ。」

と聞くと、源五郎ネズミは、

「おじいさんがもちをついて、たんと食え、さんざ食えというので、よっぴて《（夜じゅう）》食ったら強くなったんさ。ほかの家では、もち米を引こうものならタンスの上にパッチン《（ネズミとり）》をかけ、穀《こく》びつ（米や麦を入れる大きい箱《はこ》）にトラッぱさみ《（ネズミとり）》をかける。大木鉢やおわん箱には、毒《どく》を入れたそばだんごをおいて、おれたちを殺《ころ》そうとするのがあたりまえなのに、おじいさんは情《なさ》け深《ぶか》いよ。さあ、みんなで宝物《たからもの》を引いて行こう。」

ということになって、

チーチーチーチー　チャラン

チーチーチーチー　チャラン

と音をたてて、よっぴて黄金《こがね》を引いてきたんで、おじいさんの家の十五じょう（たたみ十五枚《まい》の広さ）のざしきは、長押《なげし》※につっかえるほど黄金の山、それでおじいさんは食っても飲んでもつきない（なくならない）ほどの長者《ちょうじゃ》になったんだとさ。

出典・上野　勇編「利根昔話集」
（採話地／利根郡新治村）
再話・橋爪鉄次郎
田畑　一夫

注　※長押《なげし》＝部屋《へや》の柱から柱に横にわたして、かべにとりつけた材木《ざいもく》。

絵《え》姿《すがた》女《にょう》房《ぼう》

むかしむかし、きれいなむすめと、きれいな男がいて、二人はいっしょになったと。

そしたら、その男、嫁《よめ》さんがあんまりきれいだもんだから仕事もしねえで、嫁さんの顔べえ《(ばかり)》見ている。

嫁さんもこまって、自分のすがたを絵に書いた。

「これもって行って、仕事休んだとき見て、いっしょうけんめいに仕事をしてください。」

って、むこさんにたのんだって。

そしたら、むこさん、畑仕事をするとき、木のえだにその絵をひっかけて、仕事休みに絵をながめてよろこんでいたって。毎日、毎日、むこさんは、そうやっていっしょうけんめい働《はたら》いていたって。

ところが、ある日のこと、いつものように木のえだに絵をかけて仕事をしていたら、急に風がふいてきて、嫁《よめ》さんの絵をとばしてしまった。

ちょうどそのとき、お殿様《とのさま》が狩《か》りにやってきていて、そのお殿様の前に嫁さんの絵がとんでいったんだって。

その絵を見たお殿様、絵の嫁さんをすっかり気にいってしまったんだって。家来《けらい》に命《めい》じて、絵の嫁さんをさがしあるかせ、そして、とうとう見つけた。嫁さんは、お殿様のところへめし出されることになったんだって。しかし、嫁さんはいやだつう(という)。それでも、お殿様は嫁さんをつれて行くことになった。

嫁さんは、城《しろ》へめし出されて行くときに、むこさんにこういったんだって。

「しかたねえ。わたしはお城へ行かなくちゃなんねえけど、おまえさんが、わたしに会いたかったら、うちのモモとって、お城まで、モモ売りにこらっしゃい。そうすればいきあえるから。」

嫁さんは、お殿様のところへ行ったけど、何日たっても、いっこう笑顔《えがお》をみせない。にっこりともしない。殿様は弱って(こまって)しまった。

こんなに元気が悪くなってしまってはと、お殿様も家来も、いろいろ心配《しんぱい》するけど、半年たってもいっこう笑顔をみせてくれない。

いっぽう、むこさんはというと、うちのモモができたからというので、モモ売りに行ってんべえかな。かみさんを殿様にとられてしまったんじゃ、かみさんに会えるかどうかわからないけど、自分でもせつなくなって城までモモ売りにきたって。

「モモ、モモ。」

って、いっしょうけんめい、大きな声だしていったんだって。

むこさんがお城の門のところまでくると、あんまりきたない身なりをしているので、門番は城の中へ入ってはなんねえという。やいやいさわいでいたら、城の高いところにいた嫁さんが、モモ売りの声を聞いて、にっこり笑《わら》ったんだって。

そしたら、お殿様は、モモ売りなら奥方《おくがた》が笑

ってくれるというので、お城《しろ》から出て、モモ売りをよびとめた。

「おい、おい、そこのモモ売り。わしの着物と、おまえの着物をとりかえようじゃないか。」

っていうと、モモ売りは、

「お殿様《とのさま》の着物なんざ(なんか)着たんじゃ仕事もできねえ。だめだ。」

「いや、いや、そんなこといわねえで。」

と、むりやりに着物をとりかえっこした。お殿様はモモ売りの着物を着て外へ出て行き、モモ売りがお殿様の着物を着ているもんだから、家来《けらい》にお城の中へつれこまれてしまった。

お殿様は、モモ売りになって、

「モモ、モモ、モモ。」

って売り歩いたが、だれも買わない。それで、城の中へ入ろうとしたら、門番がお城の中へ入れてくれない。

いくら、「わしは殿様だ」といってもだめ。

それからのち、モモ売りがお殿様になり、二人でしあわせにくらしたって。

話　者・関　つる
（採話地／利根郡新治村）
再　話・井田　安雄

でえろんむすこ

むかしあるところに、おじいさんとおばあさんが住《す》んでいたと。

おじいさんがシバ刈《か》りに行くと、

「おじいさん、おじいさん。」

と、声をかけるもんがあったと。見ると、シバにでえろん《（カタツムリ）》がくっついて、

「むすこにしてくれ。」

というんで、連《つ》れて帰り、何年も子どものように養《やしな》ってるうちに、としごろになったんでおよめをさがしに行くことになり、おばあさんにもらったこうせん（大ムギをこがして粉《こな》にしたもの）のふくろを角《つの》にひっかけて出かけたんだとさ。

日暮《ひぐ》れになって、大きな屋《や》しきに着いたんで、でえろんが、

「とめてくれ。」

というと、

「こんなでかいのは殺《ころ》しちまえ。」

と言って、やとい人がさわぎだしたと。

すると主人《しゅじん》が、

「かわいそうだから、とめてやれ。」

と、命《いのち》ごいをしたので、とめてもらうことになったと。


ねているうちに、つまらなくなって、のこのこ出て行って唐紙《からかみ》(ふすま)をあけると、まだ向こうにへやがあって、次の唐紙をあけると、また向こうに唐紙があって、その唐紙をあけると、また向こうに唐紙が次々と二十くらいあったと。そうして、いちばんしまいのへやに、美しいむすめがねていたんで、でえろんは、そこに、こうせんをまき散《ち》らしてもどってきたんだと。


つぎの朝になって、でえろんがしくしく泣《な》いていると、主人がどうしたのだとたずねたので、

「こうせんをとられた。」

というと、主人が家じゅうの者《もの》にたずねてみたが、だれに聞いても、

「知らねえ。」

と答えるんだと。

「だれが起《お》きてねえ。」

と聞くと、

「むすめがまだ起きてきねえ《（こない）》。」

というので、むすめのへやに行ってみると、こうせんがへやじゅうにこぼれていたと。

「でえろんの物をとるようなものは、家に入れねえ。」

と主人がいうと、でえろんが、

「入れねえものなら、わしにくれ。」

と言って、よめにもらうことになったと。

　よめ入り道具を牛車《ぎゅうしゃ》につけて、でえろんが引きだしたんだが、よめは牛の背《せ》なかで、無実《むじつ》（つみがないのに、つみがあるとされる）で、で

えろんの所へよめに行くのがくやしくて、

「牛、でえろんふんづぶせ。牛、でえろんふんづぶせ。」

と言ったと。

牛が、でえろんをふみつぶしそうになると、でえろんは、すうっと前にでて、またふみつぶしそうになると、すうっとでて、どうしてもふみつぶすことができねえんだと。

家に帰って牛小屋に、牛をつないで、まわったひょうしに、牛がでえろんをふみつぶしたと。

すると、でえろんは美しい若者《わかもの》になってよめとなかよく暮《く》らし、それから、おじいさん、おばあさんに孝行《こうこう》したとさ。

出曲・上野　勇編「利根昔話集」
（採話地／沼田市沼田）
再　話・橋爪鉄次郎
田畑　一夫

おとめのよめ入り

むかしむかし、あるところに、三人の孫《まご》むすめをもったおじいさんが住んでいたんだと。

おじいさんは、毎日毎日、山へ行って、ひゃくしょう仕事をしてくらしていたんだと。

三人の孫むすめのうち、いちばん末《すえ》のむすめのおとめは、よく働《はたら》いて、そのうえ、おじいさんのいうことをよく聞いていたんだと。

ある日、おじいさんは、いつものように、山へ出かけたんだが、年をとっているもんで、つかれてしまい、アワをかる手をやめ、あぜ道にこしをおろして休んでいたんだと。

「ああ、おれも年をとって、すっかり仕事がつらくなってしまった。だれか代《か》わりにこのたくさんあるアワをかってくれる者はいないかなあ。そうすれば三人いるむすめのうち、だれでも好《す》きなむすめをよめにやるんだがなあ。」

この話を一ぴきのサルが木の上で聞いていて、

「おじいさん、今の話はほんとうかい。」

といったんだと。

「ああ、ほんとうだともよ。」

「それならおじいさん、おれがかってやるよ。」

サルはそういって、たくさんあるアワを全部かってしまったんだと。

おじいさんは、家へ帰って、いちばん末《すえ》の孫《まご》むすめに、足のすすぎ水をもらいながら、

「ああ、困《こま》ったことができてしまった。」

といったんだと。どうしたのかと思って、むすめがきくと、

「実《じつ》はな、きょう、山へ行ったら、これこれ、こういうわけなのだ。だれでもいいから、サルのところへよめに行ってくれる者はないか。」

おじいさんが、いちばん上のむすめにきくと、

「まあ、いやなこと。だれがサルのところなんぞ。」

それでおじいさんは、次のむすめにきくと、

「なにを、そんなばかな。」

しかたなく、末のむすめのおとめにきいたんだと。

「おじいさん、わたしが行きましょう。」

翌日《よくじつ》、おじいさんが、町へむすめのよめ入りじたくをととのえにでかけて行くと、上のむすめたちは、妹をすこしうらやましく思ったが、サルのことを考えると、ぞっとするんだと。

夜になると、サルが、もんつきはかまをはいて、門のところまで、ちょうちんを下げてむかえに来たんで、おじいさんは、しかたなく、おとめを送ってとちゅうまで行ったんだと。やがて、道が細くなって、山のおくまで来たんで、そこでおとめとわかれ、しくしく泣《な》きながら家へ帰って来たんだと。

おとめは、夜明けに、サルのすみかのほら穴《あな》に着いて、

「ああ、わたしの家のほうでは、よめに行くと、もちをついて実家《じっか》へもって行くならわしがあるのだけれど、相手《あいて》がサルではしかたがない。」

と、サルに聞こえるような声で、ひとりごとをいったんだと。サルはそれを聞いて、

「おまえ、今なにをいったんだ。」

おとめがさっきいったとおりにいうと、

「なに、もちをつくくらいなんともない。それならこれからついてもって行こう。」

おとめは、

「もって行くときに、うすごともって行かなければならないんだけど。」

といったんだと。

サルが、もちをついて、うすを背負《せお》い、おとめといっしょに山をくだっていくと、とちゅうに谷川が流れていて、花がさいていたんだと。おとめが、それを見て、

「あれ、きれいな花がさいている。あれは、おじいさんの好《す》きなツバキの花だ。」

というと、サルは、

「それなら、おれがとってきてやる。木のぼりならお得意《とくい》だ。」

といって、背中のうすをおろそうとすると、おとめは、

「あっ、まって。おじいさんは、土の上に置《お》いたうすのもちは、土くさいといって食べないんだから、うすを背負ったままでとっておくれ。」

とたのんだと。サルは、うすを背負ったまま、木にのぼって行って、手ごろなえだをつかみ、

「おとめ、これか。」

「いや、もうすこし上のえだがいい。」

「じゃあこれか、これならいいえだだぞ。」

「いや、もうすこし上の。」

サルが手をのばそうとしたとたん、うすを背負っていたものだから、その重みで、サルのの

っていたえだがぽきんと折《お》れて、サルはまっさかさまに、下の谷川へ落ちてしまったんだと。

そのとき、サルは、

「ああ、おれは死んでもいいが、あとにのこったおとめがかわいそうだ。」

そういって死んでしまったんだと。おとめは、大いそぎで家へ帰ってくると、おじいさんは、おどろいて、

「おとめだいじょうぶなんか。」

とたずねたと。おとめは、

「だいじょうぶだよ。サルは死んでしまったし、それに、死ぬときまでわたしのことを心配《しんぱい》し

ていたのだから。」

おじいさんは、それを聞いて、

「ああ、おれは、もうどんなにつらくとも、むすめをへんなものによめにやるようなことはしないぞ。」

といって、たいへん喜《よろこ》んだと。上のむすめたちも、妹がぶじに帰って来たので喜んで、この一家にふたたび平和《へいわ》が訪《おとず》れたんだと。

後《のち》に、このおとめは、孝行者《こうこうもの》の評判《ひょうばん》がたって、よい所へよめに行き、しあわせにくらしたとさ。

話　者・奈良　尚子
（採話地／前橋市三俣町）
再　話・井田　安雄

ネズミ浄土《じょうど》

むかしむかし、いいおじいさんとおばあさんが住んでいたとさ。ある日おじいさんは、おばあさんの作ってくれたむすびと、黒豆《くろまめ》と白豆《しろまめ》につけをお弁当《べんとう》に持って、畑へ出かけたんだと。お昼になったんで、お弁当をひろげて食っていると、黒豆がころころっところがってってって、そこにあった穴《あな》ん中へ、ころっと落っちゃったんだと。そうすると、中から、かわいい声で、

黒豆つんばい　ちゃかつんばい　ぽうっぽ

という声が聞こえたんだと。

おじいさんは、ふしぎに思って、こんどは白豆《しろまめ》をころころっところがしてやると、

いっぽん　ぱちりん　ちょきりんこん

白豆つんばい　ちゃかつんばい　ぽうっぽ

と声がしたんだと。それで、むすびを入れると、

いっぽん　ぱちりん　ちょきりんこん

おむすびころころ　すってんしょん　ぽうっぽ

という声がしたんだと。

おじいさんはおもしろくなって、お弁当《べんとう》を全部投げこんでやると、

いっぽん　ぱちりん　ちょきりんこん

黒豆つんばい　ちゃかつんばい

白豆つんばい　ちゃかつんばい

おむすびころころ　すってんしょん　ぽうっぽ

と声がして、ひとりの子どもが、ぽんと穴《あな》の外へとび出してきて、

「おじいさん、たくさんごちそうをありがとう。」

とお礼をいって、

「これから、わたしの国へご案内《あんない》します。だが一つだけお願《ねが》いがあるんです。ネコの鳴き声だ

け《(どんなことがあっても)》は忘《わす》れてもしてはいけません。」
と言ったと。
おじいさんは、
「ああ、いいともさ。ゆめにもするもんじゃない。」
と言って、後《あと》から穴の中へ入っていったんだと。穴の両側《りょうがわ》にはあかりがまぶしいようについていて、子どもの家につくと、うんとごちそうがでて、きれいなむすめたちがおどりを見せてくれて、おまけに帰りにはいろんな宝《たから》ものや黄金《こがね》をおみやげにくれたんだと。おじいさんは、家に帰って、おばあさんにいろいろ話をして、ふたりで喜《よろこ》んでいたんだと。すると、隣《となり》のおじいさんとおばあさんが、この話をこっそり聞いて、その次の日に豆とむすびを持って畑へ行ったんだと。
隣のおじいさんは、お昼になるんも待ちきれなくて、ひと仕事ふた仕事すると穴のそばにこしをおろして、弁当をひろげ、自分は食わないで黒豆をころがしてやると、穴に入って、
いっぽん　ぱちりん　ちょきりんこん
黒豆つんばい　ちゃかつんばい　ぽうっぽ
と声がしたんだと。
おじいさんは、喜《よろこ》んじゃって、早く宝がもらいたいんで、お弁当をぜんぶ一度に投げこんじゃったと。そうすると、中では、しばらくごたごた大さわぎしていたようだったが、

いっぽん　ぱちりん　ちょきりんこん
黒豆《くろまめ》つんばい　白豆つんばい
白豆つんばい　黒豆つんばい
ちゃかつんばい　黒豆つんばい
白豆つんばい　ちゃかつんばい
おむすびころころ　すってんしょん
ころころころころ　すってんしょん
ぽうっぽ

と声がして、また子どもがでてきて、お礼をいったと。そうして、

「ご案内《あんない》しますが、ネコの鳴き声をしちゃあいけませんよ。」

と言ったと。

「ああ、するこっちゃねえとも。」

と、おじいさんは言ってついて行ったと。明るい道を通って、子どもの家へくると、うんとごちそうがならべてあって、宝《たから》ものが山ほど積《つ》んであったと。おじいさんは、それをみて、もうむちゅうになって、宝ものがみんなほしいもんだと思ったと。そして、いろいろの思案《しあん》（考えをめぐらしたが）したが、いい考えがでないで、とうとう、さっき言われたネコの声をしたんだと。そして、ひと声、

「ニャーゴ」
と鳴くと、そこにいたものは、あわててにげ出そうとしたんだと。しめたと思って、
「ニャーゴ、ニャーゴ」
「ニャーオン、ニャーオン」
と鳴きまねをすると、大さわぎになって、
チューチューガタガタ
チューチューガタガタ
とにげだしたたと。そうすると、おじいさんの頭の上に土くれがぱらぱら落ちて、あかりは消《き》え

てまっくらになり、おじいさんは土にうずまってしまったんだと。

おじいさんの家では、おばあさんが、おじいさんは宝《たから》ものをうんとこさ持ってきそうなもんだと、なべでごちそうをにながら待っていると、かまどのそばの土がむくむく動きだしたんだと。おばあさんは、

「こんちくしょう、また、モグラのやろうだな。」

と、そばにあった火吹《ひふ》き竹《だけ》で、ぽかりとたたくと、うんうんいいながらおじいさんが土をかきわけかきわけして出てきたんだと。手や足は血《ち》だらけになってさ。

欲《よく》ばりおじいさんは、宝もののもらえず、働《はたら》くこともできず、薬も買わなければならなくなっちゃったんで貧乏《びんぼう》になったと。

出典・上野　勇編「利根昔話集」
（採話地／沼田市川田）
再　話・橋爪鉄次郎
田畑　一夫

カキ売りとトウガラシ売り

むかし、ある村にな、旅《たび》あきない《(商売)》をしているカキ売りとトウガラシ売りがおったそうな。その年もな、いつものように都《みやこ》へあきないに出かけるのでな、でっかい荷物《にもつ》をしょいこんでさ、ふたりで村を出かけただと。

やがて都についただとさ。さすが都はにぎやかでよ、行きかう人々のなりふり《(身なり)》も、目をうばうほどきれいだったと。

ふたりはな、さっそくあきないにとりかかろうと、はりきって、売りに歩いた。

いつものことなら、持って行った品物《しなもの》は、たちまちのうちに売りきれてしまうのに、この年ばかりは、いくら歩いてもさっぱり売れぬ。売れねば年の瀬《せ》がこせぬ。いなかじゃにょうぼう子どもがよ、正月を楽しみにおやじの帰りを待ち続けてることだ。そう思えばな、カキ売りゃ、ぜがひでも売って帰らねばなんねえ。

「よわったな。これじゃ正月どころか、もちも食えねえぞ。なんとしても売らなくちゃ。」

肩《かた》にくいこむ荷《に》をしょい上げるとな、気を取りなおして、あっちの家、こっちの家と売り歩いただと。しかし、あきないとは、あせってもうまくはいかねえもんだでな。

一方、トウガラシ売りとて同じこと。いつもの半分も売れやしない。どうにも重たい足を引きずりながら、しょうこともなし《（しかたなし）》都《みやこ》をあきらめて家路《いえじ》についただと。

こうしてふたりはな、ある山道で顔を合わせただとよ。

あきないがうまくいってればよ、どっちも、えびっさま《（えびすさま）》みてえな顔をして、さっそくこしのふくべ《（飲み物を入れるひょうたん）》の口をぬくところだが、こんどばかりは酒どころか、ふくべにゃ水もはいっちゃいないがね。ふたりは、しぶい顔して向き合ったまんまだったが、やがて、

「あんたの方も、どうやらその顔じゃ、うまくいかねかったようだね。」

「ああ、おらがち《（おれのうち）》じゃ正月もむかえられねえ。チッ。なんてこった。足が棒《ぼう》のようだわ。」

と、ぐち話になったと。ふたりとも家のことを考えると気持ちもくらくなるのはとうぜんだあね。

ふたりは、それっきり話す話もなく、とぼとぼと歩いていっただと。そして、いつの間にか

日も落ちてよ、山道のとちゅうで夜になってしまっただとさ。

昼のあいだは、さほどではないが、十二月の夜ともなれば寒さがひとしお身にしみる。

「今夜はしかたがないから、このあたりで野宿《のじゅく》をしようかね。」

トウガラシ売りが、そういってくぼ地にこしをおろしたのでな、カキ売りも、このうえ重い荷をしょって歩くのもいやになっていたところだから、

「それじゃ、はらをきめるとするか。」

と、しょっていた荷物をどさんとおろし、もうどうともなれと、へたばりこんでしまっただと。

トウガラシ売りがひろい集めたかれえだに火をつけると、たき火は、めろめろと燃《も》えあがってな、ふたりは、ほっとした気持ちになっただと。

たき火でからだがぬくもってくるとよ、ふた

りは急にはらがへっていることに気がついただと。そこで、めしにしようと考えたトウガラシ売りがこしのべんとうに手をやるとな、かたくゆわいておいたはずのべんとうが、なくなっているんだと。

「やっ、これはよわった。おれとしたことが大事なべんとう落としてしもたわい。」

ついていないときゃ、こんなものよ。あわててさがしてみたところで、このくらやみでは、目の前に落ちていたって見つかるはずもなし。トウガラシ売りは、がっかりしてこしをおろしてしまったと。人間とはおかしなもんで、ないとなるとこれがまたむしょうにほしくなるものよ。その時、カキ売りが荷をほぐすとな、中からでっかいカキを一つ出して、ひとりでもぐもぐ食べはじめただと。これ見たトウガラシ売りは、思わずつばをのみこんでな、

「おめえさん、すまねえこんだがそのカキ、おいらにも一つ分けてくれろ。」

とたのんだだと。

ところがよ、このカキ売り、商売《しょうばい》はじょうずだったが、村ではけちで有名《ゆうめい》な男だった。だから、トウガラシ売りのたのみも、聞いて聞かぬふりしとった。

「なあ、たのむよ。ごらんのとおりべんとう落として困《こま》ってるだ。よけりゃあ、このトウガラシはみんな、あんたにやるで、だから一つだけたのまあ。」

手を合わしてたのんでいるのに、とうとうカキ売りゃ自分だけ食べてしまうと、

「トウガラシじゃ、もらったって食えねえ。それにおいら、かれえもんは（からい）きらいだ。ましてこ

のカキ、きょうは売れなかったが、あしたになればまた売れる。ただじゃねえ。」

これを聞いたトウガラシ売りは、さすがにむっとしたな。お金を出して買うのはかんたんだ。しかしそれじゃあ自分があんまりみじめになってしまうべさ。そこでな、

「そうかい。それじゃたのむまい。なあに、ひと晩《ばん》やふた晩、トウガラシを食ったとて、うえはしのげようさ。」

いじにもカキなんぞ食ってはやるまいぞと、ふくろのトウガラシを出すとな、くやしまぎれにひと口、口にほおばったと。ところがなあ、そのからいことといったらありゃしない。

「ひい、ひい。ふう、ふう。おお、かれえ。おお、かれえ。」

からければ、なおのこと、腹《はら》がたってしかたがない。それで、またひと口、またひと口とするうちに、からだから、ぽっぽ、ぽっぽとあせがふき出てくるしまつだ。いつの間にか腹のへったことなぞ遠のいて、いーい気持ちになってきた。

「おーい。なんだか冷《ひ》えてしょうがない。もっと火をたいてくれや。」

半ねむりのカキ売りが、ねぼけ声でたのんだだと。ところが、トウガラシ売りの方は、それどころじゃない。からだじゅうが、ぽっぽ、ぽっぽ、燃《も》えるみてえにあったかい。

「じょうだんじゃない。このうえ、火いたいたらあつくてしかたがねえべ。」

といってるうちに、うとうと、うとうとねむってしまっただと。

まっくらな空から、まっ白い粉《こな》みてえな雪が、ひらひら、ひらひら、ふってきただと。いつ

か大雪になり、あたりが、まっ白な雪のせかいになってしまっただと。

よく朝になってな、このあたりに仕事に来た里《さと》の人たちがよ、変《へん》な男が雪ん中でねているのを見つけて、さわぎだしただと。

「やれよ、この男、雪ん中であせかいてねてるぞい。なんとまわりの雪もとけてるで。」

「おどろいたな、みろよ。こっちは雪の山かと思ったら、男がこおって死んでるわい。」

「どうしたわけかいのお。ふしぎじゃ、ふしぎじゃ。」

こうして、カキ売りゃ命《いのち》を落とし、トウガラシ売りゃ命がたすかったと。トウガラシ売りはな、その後、しあわせに暮《く》らしただと。

これでいちが栄《さか》えもうした。

話　者・須藤　りん
（採話地／山田郡大間々町）
再　話・須藤益三郎

かれっ木の花さかせじいさん

むかしむかしあったげな。じいさんばあさんは、きれいな犬っころをかっていたとさ。じいさんばあさんは、つゆばかり飲《の》んで、犬っころには、みべえ《しるの実ばかり》食わせたと。

犬っころはどんどんでかくなって、ある日、じいさんに、

「じいさん、じいさん。今日《きょう》は山へ連《つ》れていってくんな。」

といったと。

じいさんが、

「そんじゃあ、連れていってやるべえ。」

といったら、犬っころは、

「それじゃ、じいさん。くわをかついで行かっしゃい。」

じいさんはいわれたとおり、くわを持ってくると、

「じいさん、おれの上に乗ってみさっしゃい。」

「乗せられるもんか。」

「まあ、いいから乗ってみさっしゃい。」

じいさんは、犬っころの背《せ》に乗って山へ行ったと。

「じいさん、じいさん。」

「なんじゃ。」

「おれが、『ほっくり』といったら、ほってみさっしゃい。」

犬っころが、

「ほっくり」

というのでほってみると、小判《こばん》や銭《ぜに》がいっぱいでたと。

帰ってきて、ばあさんに話すと、隣《となり》の欲深《よくふか》じいさんが、ばあさんに、

「隣の正直正作《しょうじきしょうさく》じいさんなどは、犬っころをかってとてもだいじにしたんで、銭もうけをしたど。わしも金もうけするべえか。」

といって、犬っころを借《か》りにいって、

「ここんちでは、銭もうけしたから、犬っころを貸《か》してくだい《(ください)》。」

「だいじな犬っころだから、貸せねえよ。」

「どうしても、貸してくんな。」

「それじゃ貸すからだいじにしとくれ。」

　欲深じいさんは、犬っころを借りて、縄《なわ》を首にゆっつけて《(結びつけて)》家に連《つ》れ帰り、自分たちゃうまいもんばかり食《く》って、犬にはつゆばかりやったと。そうして、犬っころを山へひっぱっていって、犬っころが『ほっくり』ともいわないのにほり出したんだと。そうしたら、中から犬やネコの骨《ほね》が出てきたんで、じいさんはおこって、

「この犬っころ、役立たずめ。おらがうちには、骨なんどくれて。」

と言って、殺《ころ》して、背戸《せど》《(裏の方)》のケヤキの下にいけ《(うめた)》たんだと。

　正直じいさんが、犬っころを返してもらいに行くと、

「犬を返せったって、おれに骨なんかくれやがったから、殺して背戸のケヤキの下にいけただ。」

　正直じいさんは、

「ああ、おやげねえ《(かわいそう)》ことをしたなあ。困《こま》ったなあ。」

と泣《な》いて、

「じゃあ、じいさん。代《か》わりに背戸のケヤキをくだい。」

と、ケヤキをもらってきて、それでうすを作り、

するすう　米ご　一升《しょう》一升（一升＝約一・八リットル）　ひっこめ
するすう　米ご　一升一升　ひっこめ

と歌いながら米をひくと、うすのめぐりに小判《こばん》や銭《ぜに》がざらざら、また、とっても金もうけができたんだと。

　これを聞いた欲深《よくふか》じいさんは、

「おらがうちの木を切って、隣《となり》の正直じいさん、銭もうけ、金もうけしたっちゅうから、わしにも貸《か》してくだい。」

「うすは貸せないむ《（ね）》し、おめえは犬を殺《ころ》しちゃったから。」

「どうしても、貸してくだい。」

　うすを借りた欲ばりが家へ帰って米をひいたら、犬ネコの骨《ほね》ががらがら。

「この役立たずのうすをおれに貸して。」

と、じいさんは腹《はら》をたて、

「ぶち割《わ》って、背中《せなか》でもあぶるべえ。」

　うすを割って、背中をあぶっていると、正直《しょうじき》じいさんがうすを取りにきたが、

「あんまりきたねえから、背中をあぶっているところだ。」

「弱《よわ》ったなあ。」

と、よめいごと《(ぐちをいって)》をして、

「しょうねえから、へい《(灰)》を一升いれてくだい。」

灰《はい》をもらってきて、庭におくと、風がふいてきて灰がとんだ。そうすると、サクラの花がきれいにさいたんだと。

　じいさんは、ばあさんに、

「こさえてください《(こしらえてください)》。」

と、にぎり飯《めし》をこさえてもらって、弁当しょって、灰を持ってかれ木に登ったと。そこへ役人《やくにん》が先ばれい（行列《ぎょうれつ》の前にいて人を追いはらう）をそろえて通りかかり、

「下に、下に。」

といって立ちどまって、じいさんに、

「そこにいるのは、何ものだ。」

「わたしは、かれっ木の花さかせじじい。」

「そんなら、花をさかせてみよ。」

「はーい。」

ひと投げ　投げたら　つぼみが出ろ
ふた投げ　投げたら　花がさけ
野も山も一面の花ざかり。

「これはみごと、みごと。」

役人がおうぎをあげて、

「降《お》りろ、降りろ。」

とまねいて、ほうびをうんとこさくれたと。

隣《となり》のじいさん、灰《はい》一升《しょう》ひっちょって、弁当《べんとう》一せいしょって(ひとしょい)、かれ木にのぼって役人のくるのを待ったものだ。役人が、

「そこにいるものは、何ものだ。」

「わたしがかれっ木の花さかせじじい。」

「そんなら、花をさかせてみよ。」

ひと投げ　投げたら　つぼめ
ふた投げ　投げたら　花がさけ
お役人の頭をまっ白にした。

目や口に、灰をふりかけた。役人はおこって、じいさんをひっぱりおろしてはたいたと。

じいさんは、血だらけになって家に帰ってくると、ばあさんは、小屋の上にのぼって、見て

いたが、じいさんが赤い物をもってきたんで、

「おらがうちに、福《ふく》の神がめえ(まい)こんだ。」

と、ひしゃくを手に持って、おどっているうちに、ふんばって落ちてしまったと。

それで、いちがさけえもうした。

出典・上野　勇編「利根昔話集」(採話地／利根郡利根村)
再　話・橋爪鉄次郎
田畑　一夫

おじいさんの宝《たから》さがし

むかし、あるところに、おじいさんとおばあさんがいたんだと。

おじいさんが仕事に出かけたあと、おばあさんが、るすんぎょう（家の人のるすに自分のすきな食べ物をつくる）にうまいものをつくって、ひとりで食べているのを近所《きんじょ》の人が見ていて、おじいさんに教えたんだと。

そこで、おじいさんは、次の日、たんぼへ行ったふりをして、縁《えん》の下にかくれていたら、おばあさんがごちそうをつくりはじめたんだと。

おばあさんは、ぼたもちをつくっていたんだと。

そこへおじいさんが出て行ったんで、おばあさんはあわてて、ぼたもちをかくして、

「おじいさん、きょうはどうしてこんなに早いんだね。」

とおじいさんに聞くと、

「田で仕事をしていたら、易者《えきしゃ》（うらないをする人）が通ってのう、きょうは早く帰れ、家になにかおいしいものができてるぞ、といったんだよ。なんだかあててやらあ。」

といい、

「きょうは、ぼたもちだんべ。」

といったら、そのとおりだったんでおばあさんは、すっかりたまげてしまって、

「うちのおじいさんは、易《えき》をみるのがじょうずだ。」

と、むらの中をふれあるいたんだと。そして、それからしばらくたって、むらの鎮守様《ちんじゅさま》の宝物《たからもの》の刀がなくなるという事件《じけん》がおきたとき、むらの人たちは、おじいさんが易をみるのがじょうずだというので、おじいさんにみてもらおうということになった。おじいさんは、村の人にたのまれたものの、どうしていいのか、まったくわからず、困《こま》ってしまったが、もうどうしようもねえ。そこでおじいさんは、まず鎮守様の森にやぐらを立てさせ、たいこをつるして、村の人には、

「宝物のありかがわかったら、たいこをならすから集まってきさっしゃい。」

といって、死ぬかくごでやぐらの上にすわっていたんだと。

するると、キツネがどこからか、くいものを運んできて、やぐらの下にかくし、またひょこひょこどこかへいくのがみえたんで、おじいさんは、おおいそぎで、やぐらからおりてきて、そのごちそうをとって、やぐらにのぼっていたんだと。

やがて、キツネが帰ってきて、たしかにここにおいたわけだと、運んできたごちそうをさがしたが、とうとう見つけることができなかったんだと。

そのとき、メギツネがいうには、

「ああやって、人間だって、三階松《さんがいまつ》の上にある刀がわからないでさわいでいるのだから、このくらいのことは、しかたがないよ。」

「それもそうだな。」

といって、二ひきのキツネは帰っていったんだと。

おじいさんがそれを聞いていて、大喜《よろこ》びで、たいこをたたくと、むらの人が集まってきたんでおじいさんは、

「宝物《たからもの》は、松の木の上に、かならずあるからさがせ。」

といったんだと。

むらの人がさがしたら、そのとおり、鎮守様《ちんじゅさま》の宝物は、松の木の上にあったんでおじいさんは、たくさんのほうびをもらって、安楽《あんらく》に暮《く》らしたと。おじいさんは、ふだんの心がけがよかったからさ。

話　者・村上　なみ
（採話地／太田市細谷）
再　話・井田　安雄

ぬかぼこと　こめぼこ

むかし、あるとこにむし《（ところにねえ）》、ぬかぼことこめぼこちゅう女のきょうでえがあったとさ。そんだ《（だが）》が、ぬかぼこのおっかさんは、早く死んだもんで、ままははだっちゅうわけで、まあ、てめえの子のこめぼこはよくしただが、ままっ子のぬかぼこはそんなわけでたんとよくし《（それほどよくはしない）》ねえ。

そんでふたりに、

「きょうは米ぼ拾いにいってこう《（こい）》。」

ぬかぼこにゃあしった《（そこ）》たのねえふくろをあずけ、こめぼこにゃあ、いええ《（よい）》ふくろをわたしただと。

それっから、ふたありゃあ、ほん気で拾ったあむし。こめぼこは、いいかん《(いいかげん)》拾ったらいっぺえになっただに、ぬかぼこは、えくら《(いくら)》拾ったって、まいて《(散らして)》しもうだからん《(だからね)》。

「はあ《(もう)》、くらくなるからけえるべえ。」

こめぼこはゆったに《(言ったのに)》、

「わしゃあ、いくら拾ってん《(ても)》、いっぺえにならねえから、にしゃあ《(おまえ)》先にけえっとくれ。もう少し拾ってぐから。」

ぬかぼこは、日がかげって暗くなるまでめっけたちゅうに《(さがしたというのに)》、どうしてん《(どうしても)》、いっぺえにならねえん。はあ、暗くって、うちへけえれねえで困《こま》ってたりゃあ《(困っていると)》、遠くで火あかりがめえるげだあ《(見えるのだよ)》。そんでその火たよっていってみたんだあむし。

そしたりゃあ、小屋《こや》ん中に、ばあさんがひとり住んでたん。ぬかぼこはわけえゆって、

「わるいが、一ばんとめてくれ。」

「いっくらでん《(でも)》とめてやりてえだが、今夜、じろう、たろうちゅうおにがけえって来るわけに《(来ることに)》なってるで、人間なんず《(など)》がいると食われっちもうから、おめえ、けえったほうがいいぞう。」

ばあさんは、ゆっちゃあみたもんの《(言ってはみたものの)》、けえすのもおやげなく《(かわいそうに)》なって、

「そうだりゃあ《(それなら)》、おれがまあねるから、わしのけつの下にもぐりこんで、はりっついてろ。」

ぬかぼこは、しっかりばあさんのしりにくっついてただ。そけえ《(そこへ)》、じろう、たろうがけえって来て、

「ああ、人間くせえ人間くせえ。」

って、ひょうけて(ふざけて)戸をあけるんで、ばあさんは、

「こんなとけへ、人間なんぞがなんでこようある(くるわけがない)めえ。そのおようはん(夕食)食って、はやくねろ。」

「いやあ、どうしてん(どうしても)人間くせえ。」

って、めっけまわるで(さがしまわるので)、ばあさんは、しっかりふとんをつめてばんをしたと。

したら、あすの朝はやくに、じろう、たろうは、まあ、ふたありしてでて(出ていった)はしったから、ばあさんはそんなるすに(そのるすに)、

「おめえにゃあ、『えんめいこぶくろ』ちゅう宝《たから》ものをくれるから、これえたたきゃあ(これをたたけば)、おめえののぞみしでえのもんがでるから、なん(なんで)でん(も)困《こま》ることはこのふくろとそうだんしな。」

ぬかぼこはばあさんによくおれいをゆって、ふくろなんもらってたら、ばあさんは、

「そんで、じろう、たろうにもし道で会ったら、こんふくろをかぶって道っぱたへうんねろ《（ねろ）》。」

少しいったら、ふんとに《（ほんとに）》、むこうからふたりがくるで、ぬかぼこはもうぞう《（すぐに）》、それえかぶって下ん道にころんだあね。そいで助かって、家へけえれたん《（かえれたよ）》。そうしたりゃあ、その日は、村じゃあしばや《（しばい）》があるんでねえ、こめぼことおっかさんは、これから見にいぐってところだったあむし。

「おめえは米ぼひとつ拾ってこねえだから、しばや見どこのはなし《（しばいをみることもない）》じゃああありゃあしねえ。きょうは、その麦、からうすに入れてついてほせ。」

おっかさんはまあ、いっぺえ麦だして、しばや見いはしった《（行った）》ってさあ。こめぼこをつれてん。

ぬかぼこはまあ、泣《な》きしな《（泣きながら）》麦ついたって、ついたって、むけねえ。そんで柱《はしら》におっかかって《（よりかかって）》泣いてたらむし、そんなみだがひとっつぶ麦にかかったりゃあ、麦がひけただあねえ。そんで、こりゃあ水入れてつくもんだって思いついて、水入れたりゃあ、ほんでん《（それで）》、えれえ《（よく）》むけてきただ。

このけんまく《（こんなにたくさん）》の麦ゃあ、こりゃあ、ひとらぐれえで《（ひとりくらいで）》ついたってつききれっこうねえだから、あのおばあさんがいえた《（言った）》、あれえ《（あれを）》ひとつ、たたいてんべえって、

「十七、八の男でろ。」

そしたらりっぱなむすこが出たで、その人とふたありでついたもんで、たちまちつけっちまって、庭にいっぺえほして、こんでまあ《（これでもう）》、おれん《（自分も）》しばや見い、このむすこといぐべえって、

「十二ひとえのこそで出ろ。」
「おおのりかけの白馬でろ。」

ぬかぼこは、十二ひとえのこそで着てん、そうしてまあ、その白馬にのって、あの男にうま《(馬をひ》かたあさせて《かせて)》いったんさあね。

そうしたらはあ《(もう)》、しばやなん見てえるもんははあ、ねえ。りっぱなむすめがいええ《(いい)》着物をきて、馬にのってきただだからむし、その方ばっかみんな見てえるだよ。

そんでまあ、しばやあ見てえたぬかぼこは、おっかさんち《(たち)》より先にうちい来て、もう《(すぐ)》ぞしたくうのいで《(ぬいで)》、その『えんめいこぶくろ』ちゅうもんも、どこい《(どこかへ)》だがなへしまっといて、いがねえ《(行かないふり)》ふりしてえたりゃあ《(いたならば)》、

「まあ、ぬかぼこもきょうは、えんで《(行って)》みりゃあよかったに。しばやあまあ、ともかくとして《(しばいのことは、ともかくとして)》ん、まあ、なんしろりっぱなむすめが、馬に

のって、いええこそでえ着て、いええむすこにうまかたあさせて、そればっかみんなみてえて、しばや《しばいなんか》なんざあみる人はなかっただからん。」

って、こめぼこは、きょうの話ぬかぼこにおせえる《教える》だっちゅうわい。ぬかぼこはそんでん《それでも》しらばっくれてただあむし。

さあ、そのばんになったりゃあ、よめもれえがいっぺえ来て、

「ぬかぼこさんをよめさんにいただきてえ。」

そんでん、おっかさんは、

「ぬかぼこなんざあ、つれてったって、なんでんできねえだから《なにごともできないから》、そのこめぼこは、なんでんできるからこれえつれてけ。」

そう言っちゃあみいみいしただがん《くりかえして言ったのだが》、来た人は、

「こめぼこはえらあねえ《いらない》、ぬかぼこをもれえてえ。」

つっちゃあ《といいながら》、たのむだと。そんでぬかぼこは、りっぱな人んとけへもらわれていっただに、こめぼこは、おっかさんがいくらほめても、もろう人がひとりんなかっただと。

そんでしかたがねえから、おっかさんが、

「おめえは、はあ、だめだ。」

って、うすの上へおっけて《のっけて》、ひいちまった。そんでむし、ぬかぼこは、しあわせにくらしたがん、こめぼこは、おやげねえくとに《かわいそうなことに》なっちまっただ。

ふんだから、人をめにあわせりゃあ（人に悪いことをすると）、てめえも、いいめにあわねえから（いいことはないから）、気いつけろっちゅう、こういう話。

話者・山本　直義（採話地／吾妻郡六合村）
再話・市川　春男

キノコの化《ば》けもの

むかしむかし、あるところに、働《はたら》くことの大きらいな人がいたんだと。家がこわれても、かべが落ちても、屋根から雨がむっても(もっても)、そんなことは平気《へいき》でねてばかりいたんだけど、そのうちに家があんまりひどくなって、もう住んでいられなくなったんだと。

そのころ、村では、向こう山になにか化《ば》けものがいる、夜になって月が出ても、この村には月の光もささねえと、みんなひどくおっかながっていたんだと。

ある日、仕事のきらいななまけ者は、向こう山へひとりで行ったんだと。向こう山に着いてみると、木の下にキノコが一本はえていて、それが見るまにでかくなって、お月さんをかくしちゃうんだと。それが一つだけでなく、にょきにょきはえるんで、すぐにキノコの林ができて、月の光がちっとも当たらないんだって。なまけものはキノコの下でねていたんだと。そうすると、一つのキノコがなまけものに向かって、

「おまえは何だい。」

「おれかい。おれは里《さと》のひゃくしょうだけど、仕事がや《(いや)》だから、ここへ来てねてるんさ。」

といって、ふたりはなかよしになったんだと。

　キノコが、

「おまえは何がすきで、何がきらいなんだい。」

というので、なまけものは、

「おれは、ねてるんがいちばん好《す》きで、きれえなんはお金さ。お金は見るのもやだ。」

といったんだそうだ。

　キノコは、

「おれの好きなもんは木《こ》の葉《は》で、きれえなもんは米のとぎじるだ。」

といったと。なまけものは、いいことを聞いたとばっかり喜《よろこ》んで、

「木の葉をたんとやるから、ねていろ。」

と家へ帰り、手おけに一ぱい白水《しろみず》《(米のとぎじる)》を持ってきて、夜になって、キノコがむくんと出たところに、

ざぶんとひっかけ、またむくんと出たところに、ざぶんと水をかけたんで、キノコはみんなとけちゃったんだと。

村では、夜になると月の光がさしてくるし、明るくなったんで、

「みょうだ、みょうだ。あの化《ば》けものはどうしたんだ。」

とふしぎがっていたんだと。

なまけものは、村の家に帰ってからも、いつものように遊んでばかりいたが、ある夜、屋根のこわれたところから、月の光がもれてくる下にねていると、外の方がうるさいんだって。

雨のむらなん、大雨、大あらし

あだうちだ

ジャラン　ジャラン

と、かべの割《わ》れめからも、屋根の穴《あな》からも、大判小判《おおばんこばん》がジャラジャラとほうりこまれたんだって。キノコがなまけもののきらいだといったお金を持ってあだうちに来たんさ。

一夜のうちに、大金持ちになったなまけものは、屋根をふいたり、かべをぬったり、ゆかを張《は》ったり、今までぼろぼろの家がりっぱにできあがったとさ。

出典・上野　勇編「利根昔話集」
（採話地／利根郡新治村）
再　話・橋爪鉄次郎
田畑　一夫

夢《ゆめ》み

むかし、あるところに、そりゃあ、でかい庄《しょう》屋《や》さんがあってねえ。番頭《ばんとう》やら、お手つだいをたくさんおいただって。

ある年《とし》とり（大みそか）の晩《ばん》、飲めやさわげよと、にぎやかなおゆわい（おいわい）をしたあと、庄屋さんは、みんなを集めていっただって。

「あしたの朝は、夢《ゆめ》みだから、いい夢え見りゃあ、わしがうんとおあし（お金）を出して、おめえなんぞの正月のこづかい分だけ出してかうから、みんないい夢え見てくんろ。」

といっただって。

それで、みんないい夢《ゆめ》え見てえで、いいことを書いちゃあ、まくらの下へおっかって《(はさんで)》ねただそうだ。

次の朝になると、庄屋はみんな集めて、一番番頭《いちばんばんとう》から始《はじ》めて、次々に聞いていっただって。

それで、いい夢にゃあ、おあしをたんと《(たくさん)》出しちゃあ買っただって。

さいごに、まあ、ふろの火をたいていきたねえ、こぞうの番になったそうだ。

「おめえは、なんていう夢え見ただ。きょうはおれが、ふんぱつして《(気前よく)》買うから、いってみろ。」

というと、

「おらあ、見ねえ。」

っていうだって。

「そんなわきゃあねえ、何か見ただんべえ。」

っていうと、

「おらあ、見ねえ。」

ちゃあ《(と)》、いうだって。

「こんなえんごうな《(ごうじょう)》もんはねえもんだ。つかめえて島流しにしべえや。」

ちゅうわけで、お手つだいと番頭《ばんとう》がつかめえて、でっかい箱《はこ》に入れて、がけから、川へほかし《(なげこむ)》こんだってねえ。

そうしたら、川ん中あ、ブヨン、ブヨンって、流されていっただそうだ。

しばらく流されていくと、箱がでっかい岩にぶつかって、こわれちまっただって。

川になげ出されたこぞうは岩のだんこ(かいだんのようになったところ)にはい上がって、ひにあたっていただそうだ。

そうしたりゃあ、川上《かわかみ》から、カッパが、チョロ、チョロ、チョロ、チョロちゃあ、歩ってきたって。それを見たこぞうが、

「おめえは、まあ、ゆさんげに(たのしそうに)、歩っちゃあいるが、その川たびを、おれのげえ(おれに)、ちょっとかしてくんねえかい。」

と言ったたと。すると、カッパは、

「それじゃあ、おれがひとっきり(ちょっとの間)、岩の上で、ひなたぼっこをしてるから、おめえ、歩いてこう。」

っていったって。

こぞうが、かりて歩きはじめると、チョロ、チョロ、チョロ、チョロっちゃあ、おもしれえ

もんだから、あっち、こっち、あるいているうちに、どんどん川下《かわしも》の方へ行っちまったたって。

カッパは、こぞうがいつまでも帰ってこないんで、困《こま》っていると、川下の方から、すいー、すいー、ちゃあ、のぼってきただって。

「こぞうどん、いいかげん乗ったんべえから、
返してくんろ。」

っていうと、

「どうも返せねえ、こんなにゆさんなもんはかえせねえ。」

って、どうしても返してくんねえだって。

「おりゃあ、川たびがなけりゃあ、ひとっきり《(少しのあいだ)》もいられねえ。おめえにゃあ、生《い》き針《ばり》、死に針ちゅう、いいもんをやるから、おれに返してくれ。」

っていって、りっぱな箱を出してくれただって。

そこで、こぞうも、川たびをかえしてやっただそうだ。

「こりゃあ、生き針ちゅうもんで、死んだもんも生きかえるし、こりゃあ、死に針ちゅうもんで、生きてるもんを死なせることができるたいせつな針だ。」

と、カッパはいって、また川の中へ入っちまったそうだ。

こぞうは、その箱をだいじにふところにしまって、どんどん歩いて行っただと。

そうすると、ある村一番の大尽《だいじん》《(お金持ち)》のひとりむすめが死んだちゅうわけで、村じゅう集まって、大さわぎしていただそうだ。

こぞうは、さっそく、その家へいって、

「ごめんなすって、こんたあっちじゃあ《(ここのうちでは)》、えらい大ぜい人が集まっているが、なにごとかできましたか。」

と、聞いただって。

「じつは、こういうわけで、たいせつなひとりむすめを死なせちまっただ。」

と、そこのおかみさんが泣《な》くだって。

「そりゃあ、かわいそうに、そんじゃあ、そのむすめどんをわしに見せてもらいてえ。」

と、こぞうがいうと、

「とんでもねえこんだ。お医者《いしゃ》さんに見てもらってもなおらなかったもんをおめえのようなこぞうなんぞに、とてんな(とても)おせるもんじゃあねえ。とっとと(すぐに)、帰ってもらいてえ。」

ちゃあ、よせつけねえだって。

「どうしても見せてもらいてえ。」

ちゃあ、たのむだが、どうしても上がらしてくれねえだって。

「ちょっとでいいから、見せてもらいてえ。」

とたのむと、

「そんなにいうじゃあ、ちょっと見てもらうか。」

ちゅうわけで、おくの部屋《へや》へ通してくれただそうだ。

しばらくの間、家の人に部屋から出てもらうと、こぞうは、たいせつにしまっておいた生き針を、ふところから出して、むすめのからだにさしただそうだ。

するど、むすめは目をあけて、ムニューンと、ふとんからおき上がっただって。

家の人を呼《よ》ぶと、みんな集まってきて、

「ありゃあ、むすめが生き返ったぞう。」

ちゅうわけで、大喜《よろこ》びしただって。

「まあ、ありがたいの、ありがたくないの、こんなりっぱな人がこの世《よ》にあるがな、まあ、お礼《れい》にゃあ、およばないが、ぜひ、わしらが家のむこどんになってもらいてえ。」

ちゃあ、家の人から、村の人から、むすめからすがられた(たよられた)って。

「わしゃあ、そんなもんじゃあねえ。人を助けて歩くもんで、むこになって、ここによどんで(とどまって)など、いられねえ。」

といって、お金やら、着物やら出したが、受けとらねえで、帰っちまっただそうだ。

それから、また、めためた(どんどん)行くと、ある村のえらい大尽《だいじん》の家のむすめが、死んだちゅうわけで、近所のしょう(人たち)が集まって、大さわぎいしていたと。

そこでこぞうは、

「そのむすめどんのう、わしに見せてもらいてえ。」

といっただそうだ。

「とんでもねえこんだ。そんなこたあできねえ、医者にも見てもらっただし、おめえなんぞに、なおせるわけがねえ。」

ちゃあ、ことわられただって。

それでも、こぞうが、

「ちょっとの間でいいから、見せてもらいてえ。」

というと、

「そんじゃあ、見るだけ、見てもらうべえ。」

って、おくの部屋へ通してくれたって。

それから、家の人に部屋から出てもらうと、こぞうはふところの生き針《ばり》をそっと出して、むすめのからだにさしてやっただと。

すると、むすめは目をひらいて、ムニューンとふとんから、おき上がっただそうだ。

そこで、家のしょうを呼《よ》ぶと、みんな大喜《よろこ》びで、こぞうに、礼《れい》をいうだって。

「ほんにまあ、よかった、まあ、何もお礼はできねえが、よかったら、うちのむこになってもらいてえ。」

ちゃあ、いうだって。

「わしゃあ、とても、むこになるわけにゃあいかねえ。まだ、人助けをしてまわらにゃあ、なんねえ。」

って、帰っちまっただそうだ。

こぞうが家へけえっていると、ある日、ふたりのむすめが、たずねてきただと。

「先日は、たいへんありがとうございました。」

「どうしても、あなたさまに、むこにきてもらいてえ。」

ちゃあ、いうだって。

「わしゃあ、むこになるわけにゃあいかねえ。」

とことわると、

「どうか、むこになってもらいてえ。」

ちゃあ、ふたりでいうだって。

とうとう、こぞうも、ことわりきれなくなって、

「それじゃあ、わしが、前のせどの橋《はし》の上に立っているから、ふたりで、わしをひっぱって
おくれ、どっちでも、よけえにひっぱったほうのむこになるべえ。」

といったそうだ。

するとふたりのむすめは、

「わしのむこどんだあ。」

「わしのむこどんだあ。」

ちゃあいって、両方からひっぱっただと。

ところが、ふたりがあんまりひっぱるもんだから、こぞうは、まっかになって立ってるだって。するとひとりのむすめは、こぞうがかわいそうになって、手をはなしただそうだ。

するとこぞうは、手をはなした気のやさしいむすめの方のむこになっただと。

そして、ふたりは、一生、いいなかで暮《く》らしただそうだ。

こぞうは、こういうゆめを見たで、売《う》らなかったという話だ。

話　者・山本　さか（採話地／吾妻郡六合村）
再　話・山本　茂

動物の話

キツネと山伏《やまぶし》

むかしむかし、ひとりの山伏《やまぶし》（山の中で心や体をきたえるお坊《ぼう》さん）が旅《たび》をしていたんだと。

ある日、草津《くさつ》の近くの立石《たついし》村近くへやってくると、道ばたで、一匹《ぴき》のキツネが昼ねをしているんで、

「あれあれ、キツネどん、いい気持ちで昼ねしてる。さては、ゆうべいたずらして、夜っぴてえ、あばれまわったな。」

山伏は、じっと昼ねをしているキツネをみていたんだが、そのうちに、ひとつキツネをたま《(だまし)》が《(こ)》してやるべえと思って、持っていたほら貝を、

キツネの耳にそっとあてて、「ブォー　オー。」と、思いっきりふくと、コン、キャン、ギャン、キツネは、うんとぶったまげて、三尺《じゃく》(約《やく》一メートル)もはねあがって、じっと山伏《やまぶし》の顔をにらんで、おおあわてで、山の方へにげこんだとさ。

「アハハ、キツネめ、ずいぶんたまげたらしいな。あのはねあがったかっこうったら、なんてざまだ。」

山伏は、にやにや笑《わら》いながら、また旅《たび》をつづけたということだ。

それから、小半時《こはんとき》(約一時間)もたったころ、はるか向こうから、下《した》に下に、という声がきこえてきたんで、

「おやおや、大名様《だいみょうさま》のお通りか。」

山伏は、あわてて道ばたにひれふしたと。

「下にい、下にい。」

行列が山伏の前へ来ると、ぴたりとおかごがとまって、

「あの者は、何者だ。」

「その者苦《くる》しゅうない、こっちへ連《つ》れてまいれ。」

殿様《とのさま》の声で、家来《けらい》たちは、山伏をつれておかごのそばへ行ったとさ。

「苦しゅうない、おもてをあげい。」

といわれたんで、山伏がおそるおそる顔を上げると、

「その方は、余《よ》の顔に見おぼえはないか、余は、その方をよくおぼえておるぞ。」

といわれたんで、山伏は、おそれいってひやあせをかきながら、

「わしは、いっこうに存《ぞん》じません。」

というと、殿様は笑《わら》って、

「まあ、よい。お城へついて参《まい》れ。ごちそうしてとらせるぞ。」

とさそうんだが、山伏には、何が何だかわからない。でも殿様の命令《めいれい》だし、ごちそうもしてくれるというんだから、悪い話じゃあねえな、と思って、城まで行ったんだってさ。

城へつき、さっそく、広間へ通されると、お殿様は、山伏に向かって、

「そのほう、うどんはどうじゃ。ぼたもちはどうじゃ。」

と、ごちそうをすすめたので、山伏は、

「どちらも大好物《だいこうぶつ》でございますので、両方いただきます。」

といったと。

「そうか、では、どっさりごちそうしてつかわせ。」

と、殿様《とのさま》は、腰元《こしもと》たちにいいつけて、りっぱなうつわに、うどんをもり、ぼたもちは、大きな皿《さら》に山もりにして、山伏《やまぶし》にすすめたんだと。

美しい女の人にかこまれて、ごちそうを食べられるなんてゆめではないかと喜《よろこ》んで、

「では、ちょうだいいたします。」

と、うどんを食い、ぼたもちを食い、また、うどんを食い、ぼたもちを片手《かたて》に持って、むしゃむしゃ、つるつると、むちゅうで腹《はら》一ぱいつめこみ、口をふくらませていたと。

このとき、そこを通りかかった村のひゃくしょうたちが、えらくすごいものを原っぱでめっけて、あきれて大さわぎして、

「見ろや、あの山伏は何をしてるだ。だれもいねえ原っぱで、むやみやたらと草におじぎをしてさ、何だかしんねえが、むちゅうで食ってるじゃあねえか。」

「あ、あ、おい、めめず(ミミズ)を食ったり、馬《ま》ぐそを食ってるじゃあねえか。」

「ありゃあいったいどうしたんだ。」

「いいや、ありゃ、キツネつきだ。」

「ほうえん(法印＝山伏のこと)がおかしなことをやっているぞ。」

ひゃくしょうたちは、山伏のそばへ行って、山伏の背中《せなか》を思いっきりひっぱたいたんだとさ。

「こら、ほうえん、しっかりしろ。」

「え、え。」

思いっきりひっぱたかれた山伏は正気にもどり、大きなあくびをしたんだと。

ようく見れば、そこにはお城もなく、殿様も腰元も、うどんもぼたもちも、お皿も何もなくって、めめずと、馬ぐそが山のようにあるだけなんさ。しばらくたって、山伏は思いあたって、

「こいつあ、ばかみたな。さっきのキツネのし返しだったたな。キツネってえやつは、しゅう念《ねん》ぶけえやつだなあ。」

山伏はキツネをおどかしたとき、じっとにらんだ目の色を思いだして、ぞっとしたとさ。

話　者・金子　きよ
豊田　三郎
（採話地／吾妻郡長野原町）
再　話・豊田　久男
黒岩　和子

むりどん

むかし、あるところに、おじいさんとおばあさんがあったと。住んでる家は、もう古くなって、雨の降《ふ》るときは、ポタンポタンと雨もりがしていたんだと。

ある夜、おじいさんがおばあさんに、

「世《よ》の中で、なんていったって、いちばんこわいものはオオカミだな。」

というと、おばあさんは、

「オオカミもこわいけど、おじいさん、わしゃむりどん《(雨もり)》がいちばんこわいよ。」

おじいさんも、

「そうだな。こんなときは、むりどんのほうがこわいかもしれないな。」

と、話していたんだと。そのとき、山のオオカミが、おじいさんのかっている馬を食おうと、家の外に来ていたが、この話を聞いて、

「おれがいちばん強いと思っていたが、おれよりこわいものがこの世にいるのか。いったい、むりどんってなんだろう。」

と、ひとりごとをいって、そして、思わずウオーッとほえたんだと。家の中のおじいさんは、オオカミの声を聞いて、たまげて大声をあげて外にとびだし、あわてて馬にとびのってにげだしたんだと。

だが、おじいさんの乗ったのは馬ではなくて、ほんとはオオカミだったのさ。オオカミは、たまげてしまったよ。自分の背《せ》なかに乗って首っ玉をしっかりおさえこまれたので、これは、てっきり自分よりこわいむりどんにちがいない。とって食われちゃたまらないと思って、むちゅうになってかけだしたんだと。おじいさんはおじいさんで、ふり落とされちゃあ困《こま》ると思って、首っ玉におもいっきりの力でしがみついたんだ

と。オオカミは、首をしめられるんで、食われちゃ困《こま》ると、背《せ》なかのむりどんをふり落とそう、ふり落とそうと、やたらにかけまわったんだと。

さんざ山の中をかけたあげく、夜明け近くなって、おじいさんが乗っていた馬をよくみると、それがオオカミだったので、おじいさんは、また、たまげて、

「うわあっ。」

と、大声をだして、しがみついた手を離《はな》して背なかからとびおりたんだって。オオカミはオオカミで、きつかった首がらくになり、むりどんを背なかから落とせたのでひと安心、やっとのことで助かったと思って、あともみずに山の中へにげていったとさ。

話　者・清水　こと
（採話地／新田郡薮塚本町）
再　話・井田　安雄

かいげんとキツネ

むかし、あるさびしいあれ寺に、かいげんち《(と》ゆうおっしゃんが《いうおぼうさんが)》、ひとりで住んでいたあねえ。

ある晩《ばん》、かいげんがねどこへへえるっちゅうと、だれかが来たらしくて、

「かいげん。」

て、呼《よ》ぶだあねえ。そして、そのあと「スウー。」っちゅうんだって。

また、ちいっとたつと、

「かいげん。」

「スウー。」

ちゅうんだ。めえ晩《(毎晩)》なんだあねえ。

めえ晩《ばん》なんだもんだから、かいげんはそのたんびに、

「だれだあ、おれん《(おれの)》名めえ呼《よ》ぶやつあ。」

て、戸をあけてみるっちゅうと、だれもいねんだあねえ。

へんてこだなあ、おれの耳の聞きちげえかなあって、思ってねどこへもぐりこむ。

めえ晩なんだあねえ。

めえ晩なんだもんで、かいげんも考えたっちゅうもんだ。

ある晩、ねてるふりいして、そうっと戸のすき間から、気づかれねえように、みはっていたあねえ。

するってえと一ぴきのキツネがやって来て、戸のやぶれめんとけえ《(のところへ)》、てめえのしっぽをつっこんで、

「かいげん。」

ちゅう呼んで、すぐしっぽをすうってぬいたねえ。

かいげんは、こいつだなとわかったんで、ようしちゅうんでまってたあねえ。

「かいげん。」

「こんちくしょう。」

ちゅうって、やっ、とばかりに、しっぽをふんづらめえた《(つかまえた)》。

キツネは、ぶったまげて、

「どうか、いのちだきゃあ、かんべんして《ゆるして》くんない《ください》。」

て、なんけえも、なんけえもおがんだっちゅうよ。

かいげんも、おがまれっちゃあ、しょうがねえやあねえ。

「こんだっから、あんなしゃいなし《いたずら》するんじゃあねえど。」

ちゅって、かんべんしちゃったちゅうわあ。

話者・宮下　なか
採話・磯貝みほ子（採話地／富岡市岡本）
再話・梅沢　博司

ツル女房《にょうぼう》

むかし、あるところに、おじいさんとおばあさんがあっただそうだあねえ。

ある日、ふたりが山へ出かけると、道ばたに、ツルが、矢《や》でぶたれて、パタパタしていただそうだ。

それを、おじいさんとおばあさんが、矢をぬいて、手あてをして、助けてくれただそうだあねえ。

じょうぶになったツルが山へけえって、しばらくしてから、おじいさん、おばあさんの家へ、かわいいむすめがたずねてきただそうだあねえ。

「おじいさん、おばあさん、わたしに、ぜひ機《はた》をおらせてください。」

っていっただそうだ。

「ああ、いいとも。」

というと、

「そのかわり、わたしが、機をおっている間は、どんなことがあっても、おってるところを、見てくださるな。」

といっただそうだあねえ。

ところが、毎日、あんまり、せっこうよく《(いっしょうけんめい)》おっているで、おばあさんなあ、どうでも見ねえじゃあ、いられねえ。

それでも、一反《たん》（着物ひとつできる布《ぬの》の大きさ）おり終わるまでは見ねえで、いただそうだあねえ。

そのうちに、一反おり上げたのを見ると、そりゃあきれえな布ができ上がってきただそうだあねえ。

「おじいさん、おばあさん、これを町へ持っていって、売ってきてください。」

というんで、おじいさんが町へ持っていって売ると、商人は、思ったより、えらい《(とてもよい)》いい値《ね》で、買ってくれただそうだ。

おじいさんが、家へ帰ってくると、おばあさんとむすめがよろこんで待っていたそうだ。

ところが、そこへ、先ほどの商人が訪《たず》ねてきて、

「先ほどの布《ぬの》は、えらくきれえな布だったで、ぜひ、もう一反《たん》おってもらいてえ。」

ってたのみにきたただそうだあねえ。

そんだが、おじいさんは、むすめに気のどくだで、言わねえでいただそうだあねえ。

すると、そのことを知ったむすめは、

「おじいさん、おばあさん、もう一反だけおりましょう。」

っていったただそうだ。

「それじゃあ、わりいが、(わるい)もう一反だけたのむよ。」

っていったただそうだ。

「それじゃあ、おりましょう。だが、おってるところは、けっして見て下さるな。」

っていうだそうだあねえ。

ところが、おばあさんは、そういわれりゃあ、よけえ見たくって、見たくって、こまるだそうだ。

いく日かがまんしてたが、それでも、どうしても見ねえじゃあいられねえで、こっそり、戸を少しあけて、見ただって。

すると、そこじゃあ、ツルが、自分の毛をぬいちゃあ、布をおっているだって。

布をおり終わって持ってきた布は、こんども、えらいきれえなもんだったって。

おじいさん、おばあさんの顔を悲《かな》しそうに見たむすめは、

「あんなに見てくれるなっていったに、見られたでいうが、ほんとは、わたしはむすめじゃあねえ。おじいさん、おばあさんに助けられたツルだからもうここにはいられねえ。」

っていうと、一反の布をおいて、遠くへまっていったそうだあねえ。

話　者・滝沢　さつ
（採話地／吾妻郡嬬恋村）
再　話・山本　茂

オオカミのおんがえし

むかしむかし、奥沢《おくざわ》の羽黒《はぐろ》に吾市《ごいち》という人が住んでいてな。

　羽黒は、山あいのさびしいところだったんだと。ある夏の朝のこと、吾市は早起《お》きをして、しょいだい《せおい台》をしょって《せおって》、山へ草刈《か》りに行ったんだと。吾市がひとりでせっせと刈っていると、なにやら近くでうなり声がするんだと。吾市は「なんだんべ《なんだろう》。」と、ひとりごとをいいながら、声のする方へ行ってみたら、山の中《ちゅう》だん《とちゅう》にから井《い》戸《ど》があって、うなり声はどうやらその中から聞けえて《きこえて》来るんだと。

　吾市が、おっかなびっくり、そっと中をのぞいてみるとな、でっけえ《大きい》オオカミが、目をひからして、上をむいてうなってたんだと。これには吾市もうったまげて《おどろいて》なあ。ふだんは、おっかねえ《こわい》オオカミだけど、井戸に落ちてかわいそうだんべ。だから、いそいでしょいだいをから井戸にぶっこんで《なげこんで》、ころぶようにして、うちへけえった《帰った》んだと。

　それでなあ、けさのことを、おっかあ《おくさん》に話したんだと。ふたりは、

「けさはいいことをした。きっとオオカミはしょいだい《(よい)》をのぼって、井戸から飛《と》び出せたんべ。」

と、話しあったんだと。

さて、つぐ日《(つぎの日)》な吾市は用事ができて、となり村へ行ったんだと。夕方、用をすましてのけえり道《(帰り道)》、あたりも暗くなってきたので、吾市はいそいで歩いていたんだと。でもなあ、いっぺい《(たくさん)》

荷物をしょっているうえに、ちょっともらって飲《の》んだ酒《さけ》のよいがてつだって、吾市《ごいち》は、道ばたの木の根っこにつっかかって、前のめりにでんげっちゃった《（ころんでしまった）》んだと。

「やれやれ、いてえことはいてえが《（いたいことはいたいけれど）》、けがもなさそうでよかったな。」

と、起《お》きあがろうとする吾市の背《せ》の上に、ふいになにものかが飛《と》びのったんだと。

あれっと思うまもなく、すぐ目の前で、こんどはオオカミのものすごいうなり声。見ると、でっけえオオカミが、いまにも吾市めがけてとびかかりそうなようす。

ところが、その時、吾市の背中《せなか》からもオオカミのものすげえ《（ものすごい）》うなり声がおこったと。それから、あとはもう、目の前のオオカミと、背の上のオオカミのうなりあい、にらみあいが始まってな。

おおかおっかねえんで《（とてもこわいので）》、吾市は、とうとう、その場で気を失《うしな》ってしまったんだと。

それからどのくらいたったか、やっと気がついたときは、もう東の空も明るくなって、二ひきのオオカミの姿《すがた》は、どこにも見えなかったそうだ。

ふらふらしながらうちにけった《（帰った）》吾市は、心配《しんぱい》しながら待っていたおっかあに、

「山で助けたオオカミに、こんどはわしが命《いのち》を助けてもらったよ。」

と話し、ふたりは手を取りあって喜《よろこ》んだと。

話　者・須永　利隆（採話地／勢多郡新里村）

再　話・内田伊年子

野《の》地《じ》穴《あな》の浦島《うらしま》ギツネ

むかし、村ざけえ《(村ざかい)》の山んね《(山ふもと)》に小せえ千手観音《せんじゅかんのん》堂《どう》があったちゅうわい《(あったという)》。その堂うらの野地穴《のじあな》(自然《しぜん》にほられた土あな)に、えれえ《(たいへん)》年とったキツネが住んでたちゅうが、ちっともいたずらをしねえんで村の衆《しゅう》にえれえかええ《(かわい)》がられていたちゅう。

ある日のこった《(ことだ)》。村じゃあかせぎもん《(働きもの)》の源平《げんべえ》じいさんが山げえり《(山仕事帰り)》にそこを通りかかった。するってえとめげえ《(かわいい)》子ギツネが穴のはしっこから出たりへえったりしていたんで、

「ありゃあ、お産《さん》があったんか。めでてえこっ

た。」

てめえんち《(自分の家)》のことのように喜《よろこ》んだ源平《げんべえ》じいさん、うちへとんでけえった。

「ばあさま、野地穴《のじあな》のキツネこが赤ん子《(あかんぼう)》をもうけたようだ。めでてえこっちゃあねえか。」

「そんじゃあ、赤めし《(赤はん)》でもこせえて、油《あぶら》あげでもかって祝《いわ》ってやんべえか。」

ばあさんはそういってたちまちごっそうをこせえた《(作った)》。源平じいさんはさっそくそれを野地穴のへえり口《(入り口)》においてけえった。

ふっかみっか《(二、三日)》たった夕方のこった。源平じいさんがいつも通《かよ》ってる山んねの道ぱたに、見たこともねえすげえうちがいつの間にか立てられていた。

「ありゃあ、こんなとこにうちがあったんべえか。」

目をぬぐうようにして源平じいさんがつっ立っていると、戸があいて中からきれいなかみさんがこちらへ寄《よ》って来る。

「わしたちは今度《こんど》ここへ引っこして来たもん《(者)》。何かとせわになりますんで、どうかちょっくら寄ってってもらえめえか。」

そういうと源平じいさんを無理《むり》やりにうちん中へ連《つ》れこんでしまった。

「何もごっそうはねえですが、まあ、おあがんなせえ。」

そういううちに酒が出され、さかなが運ばれるといううえれえ《(えらい)》もてなしぶり。

しばらくして何を気づいたんかかみさんが、

「おじいさま、すんませんが用を思いついたんでそこまで行ってきゃあすから、ちょっくら《(ちょっと)》るすいしてちゃあくれめえか。」

そういって出かけようとした。けんどとぼう口《(玄関口)》に立つと、

「けども、おくんざしきだけはのぞかねえでくんさいな《(くださいな)》。おくざしきだけはな……。」

と、念《ねん》をおすようにいい残《のこ》すとたちまちどこかへ消えるように行っちまった。

ひとり残《のこ》された源平じいさん、酒をごっそうになりながら、

「見んなと言われるちゅうとどうも気んなる。うちにゃおらのほかにゃあだあれもいねえ、ようし、一つ見ちゃるべえ。」

と、ふすまをちいっと開《あ》けておくんざしきをのぞいて見た。

するとどうだろう。そこには今まで見たこともねえ美しいむすめごが針仕事《はりしごと》をしているではないか。

「こりゃあまあ、何ちゅう美しいむすめごだっぺえ。」

源平じいさんが見とれているとそのむすめごも知ってでもいるかのように笑《わら》い顔をしていた。

しばらくしてから源平じいさんがもとの座《ざ》にもどって酒をのんでいると、間もなくしてかみさんがけえって来た。

「どうもすんませんでした。さあつがしてくんなさい。」

そうして何度《なんど》か酒をすすめた後《のち》に、

「おじいさま、あれほど念《ねん》をおしておきゃしたんにのぞき見しゃあしたね。何をかくしゃしょう。あのこはこの家のあととりむすめ、なげえことむこをさがしておったんだが、見つからねえんでよわってたんです。見られたからにゃあしかたがねえこってす。どうか、むこになってくだせえ。」

と、なんとしてもひかない。

「おらあ何もしねえ、のぞきなんぞしねえ。」

源平《げんべえ》じいさんが知らぬぞんぜぬといっても少しも聞き入れそうもねえんで、ままよとばかりむこ入りを決めこんでしまった。するとたちまち、どこからともなく大ぜえの者《もの》が寄《よ》って来て、ふろに入れるわ、かみはゆうわ、着物を着せるわいたれりつくせり。源平じいさんは、

「馬子《まご》にも衣《い》しょうちゅうがおらもまんざらすてたもんじゃあねえわ。」

と、わけいしにかえったような喜《よろこ》びよう。むすめも着かざって座《ざ》につくとそれはもう飲めのうたえの大さわぎ。いよいよとり結《むす》びのうたいがはじまるはこびとなった。

（若者）（けっこん式）

一方、源平じいさんうちでは夜がふけてもどらねえのでえれえ心ぺえし、ばあさん、ちょうちんをもってむけえに出た。山んねの道までやって来たばあさん、畑の中にきちんとすわって何かつぶやいているじいさんをめっけて、

（大変）

「こりゃあじいさん、どうしたんだい！」

と、声をかけると、驚《おどろ》いた源平じいさん、

「助けてくんろ。」

とにげだす。ばあさん、ころびながらも追っかけて、

「じいさま。」

と、背中《せなか》をどうぐらす《（思いきってうつ）》と、やっと正気《しょうき》にもどった源平じいさん。見れば、昼間のままの山着姿《すがた》としらが交《ま》じりのもとの姿。

「ありゃあ、何としたんだっぺ。あんときゃあてんで《（とても）》楽しかったぞ、まるでゆめみてだったぞ。」

と、はなみずをたらしながらの後《のち》の話。

それからちゅうものは、だれいうとなく野地穴《のじあな》の浦島《うらしま》ギツネと評判《ひょうばん》になったちゅわい。キツネが恩返《おんがえ》しに源平じいさんを喜《よろこ》ばしたちゅう話。

話者・鶴渕　てる（採話地／利根郡白沢村）
再話・細矢　久

サルのきも

むかし、むかし、竜宮城《りゅうぐうじょう》の乙姫様《おとひめさま》が、どうしたわけだか病気になって、こまっていたんだと。

そうしたら、ある日のこと、白髪頭《しらがあたま》の、仙人《せんにん》みてえなおじいさんがやってきて、

「乙姫様の病気はなあ、サルの生きぎもをとって食わせれば、たちまちよくなる。」

って、いったんだって。

サルの生きぎもっていったって、サルは海にゃいねえし、弱ったなあつうで（こまったことだということで）、いろいろの魚があつまって考えたんだと。それで、いろいろ考えて、おか（陸）にも、海にもいられるつうは、カッパだということになって、カッパにたのむことになった。

それで、カッパがサルをつれてくることになった。

カッパは、サルをつれに出かけた。川をのぼって、山の中へ入って行った。そうしたらサルが、山グミをもいで食っていた。しかし、どうも、グミじゃ腹《はら》にたまらねえ。それを見ていたカッパが、

「おい、おい、サルどん。サルどんは、こんな山ん中にべえ《(ばかり)》いねえで、もっといいとこへ行ってみたらどうだや。竜宮はいいとこだぜ。食いもんはうめえし、おどりはみられるし、とっても楽しいとこだよ。どうだい、竜宮へ行がねえかや。」

「そんなこといったって、おらあ、海ん中泳げねえもん、やだよ。」

「おれが、おぶってやるから、だいじょうぶだ。」

それで、サルはカッパのせなかに乗って、竜宮城へつれて行ってもらったんだと。

竜宮城へ行ってみたら、あけてもくれてもごちそうばかり。そして、タイやヒラメがおどりをおどってみせてくれる。

こうして、何日か過ぎた。サルはごちそうに食いあき、山がこいしくなった。しかし、ひとりで帰ることはできねえ。

そんなことを考えていたら、そこへタイがやってきて、こんなことをいった。

「サルどん、サルどん。おめえは知らなかんべが、ここでうんめえもんを食《く》わせて、おめえをうんとふとらせて、おめえの生きぎもをとって、乙姫様《おとひめさま》にくれて、乙姫様の病気をなおそうとしてるんだ。それで、おめえをここにつれて来たんだよ。」

サルはこの話を聞いてびっくりした。

「おれは殺《ころ》されるんはやだ。ここからにげださなくちゃあなんねえが、こまったなあ。」

って、いろいろ考えてみた。むかしからサル利《り》口《こう》といっている。サルは頭がいい。

「おい、おい。おらあなあ、山の木のえだに、きもをひっかけてほしてきたんだ。天気のいい日にしまうべえと思って、おいてきてしまった。持ちに行ってこなきゃなんねえよ。」

って、タイにいったたって。

それで、生きぎもをとりに行ってくることになった。また、カッパにつれてもらって、せん（もと）のところへもどってきた。

サルは、あっちの木にのぼり、こっちの木にのぼりして、なかなか、きもを持ってこない。

サルは、あっち、こっちの木にのぼっていたが、

「おれは、きもをどこの木にひっかけておいたかわすれちゃった。」

いつになっても、きもがめっからねえ。

カッパは、サルのあとを追っかけて、あっちこっち走りまわっているうちに、頭の皿《さら》の水がなくなって、どうしょうもねえ。そのうちに動けなくなった。

それを見たサルは、

「おい、おい。おれの生きぎもなんて、出してほせるもんじゃねえ。きもはせんから腹《はら》ん中にあらあ。おめえといっしょに海へは行がねえぞ。おめえはかってに行げ。」

カッパは動くこともできねえ。それで、カッパは海へもどることができねえで、川（川にばかり）にべえいることになって、カッパだと。

話者・原沢　はる
（採話地／利根郡新治村布施）
再話・井田　安雄

一夜《いちや》の田植《たう》え

北原《きたはら》のある家で、きりょうのいいよめごさんを、もらったんだとさ。むこさんと、てんでな《とても》かがよくって、ふたりは、しあわせだったんだと。

ところが、ある年の田植えを始めべえ《始めようと》と思った夜のことだ。昼間《ひるま》、くたびれたんで、むこさんが、ぐっすりねむっていると、なんか物音がするんだと。そばのねどこを見ると、よめごさんがいねえんさ。おっかしい《へんだと》と思っていると、いどの方で、水の音がするんだと。起《お》きて行ってみると、よめごさんは、いどばたで、長いかみの毛を洗《あら》っているんだよ。それを見て、むこさんは、たまげて《（おどろいて）》、こしをぬかしちゃったんだと。きりょうのいいよめごさんには、でっけえ《（大きな）》、ふてえ《（太い）》、キツネのしっぽがはえていたんだと。まちげえかと思って、よく見たんだけど、やっぱし、キツネのしっぽなんだ。むこさんは、なんかいうべえと思ったんだけんど、ことばが口から出ねえんだ。がたがたふるえていると、よめごさんが、ふり向いたんだと。そんで《（そして）》、

「とうとう見られてしまったなあ。はあ《（もう）》、こんでおしめえだ。おめえさまが《（あなたが）》、おおく《（あまり）》やさしくしてくれるので、いつまでも、おそばにいたくて。わしは、おめえさまを、だましていたんだ。ふんとうに《（ほんとうに）》すまなかったな。わしは、キツネなんだよ。姿《すがた》を見られちゃったんだから、

はあ、ここんちにいるわけにはいかねえ。さようなら……。だけんど、仕事は、みんな、おいたからな《おわったからね》。」

といって、どっかへけえ《きえ》ちゃったんだと。

そんつぐ日《そのつぎの日》、よめごさんが、急にいなくなったっつうんで、うちじゅう大さわぎになったたんだと。むこさんは、だれとも口をきかねえで、ひとりでたんぼへ行ったんだと。そしたら、たまげたことに、田植えがみんなできてるんだとさ。むこさんは、ゆんべ《ゆうべ》、よめごさんが、おしめえに《さいごに》、「仕事は、みんなおいたからな。」といったことばのわけが、やっとわかったんだとさ。

採　話・中央中学校社会科研究部
（採話地／群馬郡群馬町）

再　話・関根みどり

ネコの恩《おん》がえし

むかしむかし、ある里《さと》のお寺に、ひとりのおしょうさんがいたとさ。そのおしょうさんは、一ぴきの黒ネコをかわいがってかっていたんだと。小さい子ネコのころからかわいがって育てたので、おしょうさんのいうことがわかるようになっていたんだと。朝ばんのお勤《つと》めのときのほかは、いつもおしょうさんのひざの上にのぼったり、また、用事で出かけるとき、帰ったときなど衣《ころも》のすそにまつわりついてあまえたりするので、おしょうさんは、かわいくてかわいくて、自分の子どものようにしていたんだと。それでおしょうさんは、さびしくなかったんだと。

ところが、夜のお勤《つと》めをすましてろばたにきても、黒ネコのいないときが多くなったんだと。

そして、ある夜、おしょうさんは、はりあい《(元気)》がなくなって、

「どうしたんだろう。どこへ行ったんだろうな。今までなら、お勤めがおわると、ちゃんと待っていたのに。」

と、ひとりごとを言いながら、

「くろ、くろ。」

と、力なく呼《よ》んでみたんだと。でも、やっぱりくろの返事《へんじ》もないし、どこからも出てこないんだと。そして、次の朝みると、ちゃんとろばたで、きちんとすわっているんだと。おしょうさんが、くろ、くろと呼ぶと、ニャーオンとないて、いつものとおりあまえるんだと。

「くろ、くろ。ゆうべはどこに行ってきたんだ。」

と、くろの頭をなでながら言っても、くろは、目を細《ほそ》めてただおしょうさんを見るだけなんだと。そんなある日、おしょうさんがだんか（お寺とつながりのある家）に用事があって出かけたが、帰りがおそくなって夜になったんだと。くろがるす番をしていると思って、おみやげをもって帰り道をいそいだんだと。ちょうど十五夜のような丸《まる》い月が夜道を照《て》らしていたがあんまり急いだんでつかれて、

「どれどれ、ひといきついていこう。」

と、こしをとんとんたたきながら休んだんだと。その晩《ばん》は、とっても静《しず》かだったんだと。ところがおしょうさんの休んでいる土手《どて》の下が、急ににぎやかになってきたので、おしょうさんは空耳《そらみみ》（ききちがい）かなと思って、自分の顔をこすってみたりしたんだと。ところが空耳でなくて、たしかに大勢《おおぜい》の話し声が聞こえたんで、土手から身をのりだして下をみると、どうだろう、豆《まめ》しぼりのおそろいのてぬぐいをかぶったネコどもが大勢集まっていたんだと。おしょうさんは目を丸くして、月のあかりでよくみると、たくさんのネコにまじって、くろもいたんだと。しかも、くろが親だまで、大勢に何やら話しているところなんで、おしょうさんはキツネにばかされたんかと思って、まゆにつばをつけてみたんだと。そのうちに、くろが、

「さあ、みんな。ここらでいつものように、おどりを始《はじ》めようではないか。」

といったんだと。すると、ネコどもは広場いっぱいになっておどりはじめたが、そのおどりはいつまでも、いつまでも続《つづ》くんだって。おしょうさんは、時のたつのも忘《わす》れてみていたが、やがて、ふと気づいて、お寺に帰って、そして、いつものくせで、くろを呼んでみたがやっぱりいなかったんだと。

つぎの朝起《お》きてみたら、いつもとかわりなくくろがろばたでねていたが、夕べみた豆しぼりのてぬぐいをかぶったくろの姿《すがた》がはっきりおもいだされたんで、

「くろ、くろ。おまえはおどりをするようになったんだな。夕べおどりに行っていたんだろう。わしは、おまえがかわいいが、おどりをするようになったネコは、もう寺でかうことができ

ないんだよ。きょうからは、外に行って、自分の力で暮《く》らすんだよ。」

といって、頭をなでてやると、くろは、しばらくおしょうさんの顔をみていたけど、やがて、ゆっくりと、ニャオーン、ニャオーン、ニャオーン、と三声《みこえ》ないたかと思うと、外へ出ていってしまったんだと。

それからは、もうくろの姿《すがた》はみえなくなって、おしょうさんは、いっとき《（しばらく）》さびしかったがやがて、くろのことを忘《わす》れるようになったんだと。

そして、三年たったあるきれいな月の夜、ひょっこりと一ぴきの黒ネコがお寺にきたんだよ。からだは大きく、毛なみはつやつや光って、目もらんらんとかがやいて、それはそれはりっぱなネコなんだって。おしょうさんは、前にお寺にいたくろににているので、おやっと思ったが、あまりりっぱなので、しばらく声をかけないでいたが、それでもくろのようなので、

「おまえは、前にこの寺にいたくろか。」

と聞いたんだと。すると、おどろいたことに、そのネコは人間のことばで、

「おしょうさん、長い間、かわいがってくれてほんとにありがとうございました。わたしも、おかげで一人《いちにん》まえのネコになれました。それで、いつかおしょうさんにご恩《おん》がえしがしたい

と思ってたところ、この二十七日に隣村《となりむら》の大尽《だいじん》（お金持ち）のだんながなくなります。そのとき、おしょうさんもよばれます。おとむらいは、にぎやかに行われて、おしょうさんが何人も集まります。そして、ひつぎ（死体《したい》を入れた箱《はこ》）が土にうずめられるまえのお経《きょう》をあげてるとき、天が黒雲でうずめられ、その中から竜《りゅう》があらわれて、ひつぎがさらわれそうになります。ほかのおしょうさん方は、こわくてにげるかもしれませんが、おしょうさんはにげないでください。竜は、わたしですから……。お経をつづけてください。」
と言ったかと思うと、おどろいているおしょうさんをあとにして、さっと寺から姿を消してしまったんだと。

　何日かたって、くろのいった二十七日がやってくると、隣村のだんながなくなったというしらせがお寺にとどいたので、おしょうさんは、くろの言ったとおりだな、と思い、そのつもりで用意していたんだと。いよいよ、そう式の日になり、大尽のだんななので、二つの村のみんなを集めたそう式で、おしょうさんも大勢《おおぜい》きて、村人の長い行列が家から山の上の墓《はか》場《ば》までずっと続《つづ》いたんだと。いよいよ、ひつぎをうずめるときのお経になったので、おしょうさんは、目をつむってお経をあげていると、そのうちに、まわりがそうぞうしくなったので目をあけると、さっきまでの晴れた空がまっ黒な雲でおおわれ、今にも雨が降《ふ》りだしそうになったんだと。やっぱりな、とおしょうさんは思って、一だんと声をはりあげてお経をあげたが、そのうちに、空はますます暗くなり、大つぶの雨がおち、強い風がふき、黒雲の中からは、は

っとするようないな光りがして、村人はこわくなって、三人、五人とへっていって、身内《みうち》の人とおしょうさんたちだけになったんだと。天は暗くしずみ、ときどき雷鳴《らいめい》とともに、黒雲の中から目のぎらぎら光った竜《りゅう》が顔をのぞかせるので、いままでお経《きょう》をあげていたおしょうさんたちも、竜がひつぎに近づくのでにげだしてしまい、くろのおしょうさんだけになってしまったんだと。

身内の者は、おしょうさんに、

「ひつぎを守ってください、ひつぎを守ってください。」

とさけびながらたのむと、おしょうさんは、静かな声で、

「だいじょうぶ、だいじょうぶ。わたしが守るから、安心しなさい。」

といって、雨や風の中でお経をあげつづけたんだって。すると、どうしたことか、あんなに暗かった空も明るくなり、風もいなびかりもなくなり、竜も姿《すがた》を消《け》して、はじめの晴天《せいてん》にもどったんだと。おしょうさんは、身内の人に、

「もうだいじょうぶだ。わたしのお経で魔物《まもの》は退散《たいさん》(にげ去った)した。」

というと、身内の人は、また、村人やおしょうさんたちに集まってもらって、そう式をすませたんだと。そのうちに、この話が評判《ひょうばん》になって、くろのおしょうさんのことは遠い京《きょう》の都《みやこ》にまできこえて、おしょうさんは都へのぼり、えらいおしょうさんになったんだとさ。

話　者・須藤　澄子
(採話地／利根郡新治村)
再　話・阿部　孝

カッパの話

カッパは、川のふちに住んでいて、人をつかまえると、しりの穴《あな》から手をいれて、はらわただけつかみだして食うんだと。そして、死《し》げえ（死体）は、そのまんま川に流してやるんだと。もし、ふわふわ流れていく水におぼれて死んだ人をみたら、それはカッパのしわざにまちげえねえ。カッパは水の中だと百人力だが、おかにあがるとからっきし力がねえ。

あるとき、ようつり（さかなをつる人）が川に行ったんだと。あらしのあとで、川原《かわら》には、木の根や材木なんかがうちあげられていたんだと。ようつりが、川原の石にこしかけて休んでいると、水の中から一ぴきのクモがのこのこはい出してきて、細《ほそ》い糸をようつりの足にひっかけたんだと。ようつりは、カッパが化《ば》けているかも知れねえと思って、気味わりいから、その糸をはずして、そばの大きな木の株《かぶ》にひっかけたんだと。そうすると、またクモが出てきて、足に糸をひっかけたんで、また木の株にひっかけたんだと。少しすると、ずるずると大きな音がして、目の前のでっかい木の株が、ぐらぐらっとゆれながら、川の中にひきこまれていったんだと。

ようつりは、さっきの糸をはずしておかなかったら、と思って、ひやあせがでてきたそうだ。

そして、あのクモは、やっぱりカッパにちげえねえと思ったんだと。

川でクモを見たら、カッパかも知んねえから気をつけるんだな。

話　者・橋爪　すぎ（採話地／吾妻郡吾妻町）
再　話・橋爪ちくを

キツネのよめいり

あらと川のふちに、ごんげん山ちゅうふたごの山があってなあ、その山のふもとに大きなスギの木が何本もはえておって、その根元《ねもと》にキツネが住んでおったんだ。それからまた、ごんげん山から二キロメートルぐらいはなれてる女屋《おなや》つうところに万福寺《まんぷくじ》というお寺があってな、そのうら山にもキツネがすんでたんだ。

あるとき、ごんげんさまのおとか《（キツネ）》が、万福寺のおとかによめ入りするそうなってうわさがだれいうともなくひろがってったんだ。それでとなりのじいさんが、

「どうだい、ひょうぞうさん。今夜《こんや》おとかのよめどりがあるつう話だから、ひとつそこへ行って見べえじゃねえか。」

と、ひょうぞうさんに話したんだと。すると、それ聞いてた孫《まご》たちが、

「じゃあ、ぜひおらたちもつれてってくれ。」

と、言ったんだと。ところが、となりのじいさんは、

「子どもつうもんは、そんなとこ行くもんじゃあねえ。そんなとこ行くとおとかに化《ば》かされちまうぞ。」

って聞いてくんねえ。だけど、子どもたちはいうこと聞かねえ。どうしても見てえってせがん(むりにたのんで)で、とうとうつれてってもらうことになったんだと。

それがうしみつどきっちゅって、まよなかなんだ。

「いいか、おめえら、しずかにしてさわぐんじゃねえぞ。」

って言われて、子どもたちもじいっとしてたんだと。

暗いなかで待っていたんだが、だんだん夜がふけてくるにつれて、さっきまでみえていた星かげが消えて、雨がすぐにも降《ふ》ってきそうで、何だかさびしくなってきたんだと。また、すこし待っていると、きゅうにザアザアと雨が降ってきて大きなスギの木のてっぺんに、ひとつちょうちんみたいな火の玉が、ぼうっとついたんだと。それが見ているうちに、だんだんふたつになり、三つになり、四つになりして二十ぐらいにもなったかとおもうと、先頭《せんとう》から万福寺の

方に向かって動きだした。そいでその中から、人の話すようなガヤガヤ、ガヤガヤつう《(という)》声がする。それ《(それで)》ばかりじゃねえ、よめ入り道具《どうぐ》の長持《ながも》ち※をかついでるようなギチギチつう音もする。

ガヤガヤ、ギチギチ、ガヤガヤ、ギチギチ、それ聞いたじいさんが、

「ようく見ろ、あれがおとかのよめどりなんだ。」

たんす、長持ち、はさみ箱《ばこ》、長い行列がずうっと続《つづ》いて、それが遠く見えたり、近く見えたり、ガヤガヤ、ギチギチが大きくなったり、小さくなったりしたと。

子どもたちは、静《しず》かにしてろ、って言われたのを忘《わす》れて、

「わあ、あれがおとかのよめどりなんかあ。」

と、大きな声で言っちまったんだと。そうすると、そのひょうしに、いままで見えていたちょうちんみてえな火の玉も、ガヤガヤつう声も、ギチギチつう音も、いちどにぱっと消《き》えて、まわりはまっくらやみになったんだと。そしてな、今まで音をさせて降《ふ》っていた雨もやんじゃって、星がまた見えてきたんだとさ。

話　者・斎藤宇太郎
（採話地／前橋市荒口町）
再　話・鈴木喜久江

注　※長持ち＝衣類《いるい》などを入れる長方形の木の箱《はこ》。

汽車をとめたムジナ

線路《せんろ》がしかれて、倉賀野《くらがの》の町にも停車場《ていしゃば》（駅）ができたころの話をしてんべえ。

まだな、明治《めいじ》の時代になって間《ま》もないころでな、線路のまわりには、雑木林《ぞうきばやし》や森があっちこっちにあって、あれ地《ち》も広がっておったそうだがな。ところがな、その雑木林やあれ地の穴《あな》には、線路をつくったときに、ねぐらを追われたキツネやタヌキがすみついたというんだ。

すみかが変《か》わって、おちつかないもんだからな、キツネやタヌキは、いろいろいたずらをはじめたんだな。汽車をとめるようないたずらをしたり、夜道《よみち》を通る人を化《ば》かしたりするといううわさがな立ちはじめた。だから、町のひとびとは、夕方になると、早《はや》ばやと、田畑の仕事をおえて、帰ってくるようになったそうだ。

その日はな、しとしとと雨の降《ふ》る、まっくらやみの、そりゃあさびしい晩《ばん》だっだ。

高崎《たかさき》を出た上《のぼ》りの汽車が、やがて倉賀野の停車場にさしかかろうとするときなんだ。ちょうどそのあたりは、永泉寺《えいせんじ》の森がこんもりしげっていてな、昼間でさえ、きみのわるいところなんだ。信号《しんごう》をたしかめていた機関手《きかんしゅ》は、前の方にふしぎなものを見たんだ。すみをぬったようなまっくらやみの中を、火をはくようなともしびを光らせ、ゴーッ、ゴーッと音をたてながら、ものすごい速《はや》さで同じ線路を、こっちへ向かって走ってくる汽車があるじゃあないか。機関手のおどろきといったら、それはたとえようもなかった。むちゅうで警笛《けいてき》を鳴らして、ブレーキをかけたんだが、そりゃあ、間に合うはずがない。目の前にせまってきた汽車は、魔物《まもの》のようにおおいかぶさったかと思うと、グワーンと正面《しょうめん》しょうとつしちまったんだ。機関手の目からは、目ぼうたる《(火ばな)》が飛《と》ぶし、なにがなんだか、わからなくなった。

ところが、どうしたというんだ。あれほど、勢《いきお》いよくぶつかったはずなのに、何のゆれもないじゃあないか。それどころか、速度《そくど》をおとした汽車は、なんのことはない、コトコト停車場のホームにすべりこんでいたのさ。ただな、機関手はしょうとつしたと思ったとき、ふしぎなけものの鳴き声が、森の方へ消えていくのを聞《き》いたっていうんだな。

さて、その夜も、だいぶふけてからのこった。

町のなかほどにある、お医者様《いしゃさま》の雨戸《あまど》をな、

「こんばんは、こんばんは。」

と、たたく音がする。

「こんな夜《よ》ふけに、いったいどなたかのお。」

と、お医者様は、ねむい目をこすりこすり雨戸を開《あ》けた。すると、そこには、見たこともないかわいらしいこぞうさんが、かさをさして立っているじゃあないか。永泉寺《えいせんじ》と書いたちょうちんをさげて、こぞうさんは、いかにもしょんぼりとしているんだな。

お医者様は気《き》の毒《どく》に思って、

「こんな夜ふけに、何の用かのお。」

と、こぞうさんにやさしくたずねた。

「実《じつ》は、おしょうさんが、さきほどひどいやけどをいたしましたので、こうやく(ぬり薬)をいただきに参《まい》りました。」

こぞうさんは、涙《なみだ》を流さんばかりに、言った

そうな。

「そりゃ、お気の毒なこと、おしょうさんには、さぞかしおこまりのことじゃろ。」

と、お医者様は、さっそくおくから貝がらにつめたこうやくを持ってきて、

「きずのところに、よくはってください。」

と、親切《しんせつ》に教《おし》えてやったそうだ。こぞうさんは、

「どうも、ごめいわくをおかけして、すみません。」

と、何度もていねいに頭を下げて帰っていった。

お医者様は、永泉寺のおしょうさんとは親《した》しいなかだったんでな、夜が明けたらおみまいに行ってやろうと思って、その夜は、そのままとこについた。

翌朝《よくあさ》になると、雨もあがって、よい天気になっていた。

お医者様は、仕事をすませると、さっそく永泉寺のおしょうさんのところへ行こうと思って、ふと、なに気《げ》なしに、昨夜《さくや》のこぞうのわたしたお金を見ると、おどろいたのなんのって、お金だと思って受け取ったのは、木のはっぱじゃないか。

「ゆうべは、たしかにお金だったのに、こりゃ、どうしたことかのお。」

お医者様は、いよいよふしぎに思って、とにかくおしょうさんのおみまいに行ってみればわかると考えて、いそいで永泉寺へ出かけたんだな。

永泉寺へ着いてみると、おしょうさんは、せっせと庭をはいてるじゃあないか。お医者様は

ふしぎなこともあるもんだと思って、

「おしょうさん、やけどの方は、いかがですかな。」

と、たずねてみた。

「わたしがやけどですって。まさか、このとおりぴんぴんしておりますがな。」

おしょうさんは、こんなに朝早いお医者様《いしゃさま》におどろくばかりか、とつぜん、やけどだなんて言いだされたもんで、よけいにびっくりしてしまったんだな。

そこでお医者様は、昨夜《さくや》のこぞうさんのことや、お金が木のはっぱに変《か》わっていたことなど、はじめからはなしてみた。

「そんなことがあったんですかい。」

お医者様の話を残《のこ》らず聞いたおしょうさんは、目を白黒《しろくろ》させて、

「寺には、こぞうなんかおりませんしな。」

と、首をかしげて考えこんでしまった。

「まったく、ふしぎなこともあるものでなあ。」

お医者様も、いっしょになって言っていると、急におしょうさんは手をたたいて、

「わかりましたよ。」

「へえ。」

「そりゃあ、きっと古ムジナのいたずらかも知れませんな。」

「ムジナ。」

こんどは、お医者様が、目を白黒させてさけんだ。

「そうですよ、きっと。はい、その古ムジナは、ずい分前から、寺の裏山《うらやま》にすみついていて、今じゃ年をとっているので、何にでも化《ば》けられるようになっています。何でも、町の人の中には、『古手《こて》ムジナ、古手ムジナ』といって、おそれられているという話を聞いたことがありますがな。」

「なあるほど。古手ムジナ、ねえ。」

お医者様も、はじめてなぞがとけたように、うなずいたそうな。

「ところで、せっかくこうやってお医者様《いしゃさま》がおみまいに来て下さったんだから、ひとつ、そのムジナのようすを見ていってはいかがですかな。」

おしょうさんは、いたずらっぽくお医者様をさそうと、寺の裏山《うらやま》の方へ歩きだした。お医者様は、しかたなくついていくと、どうだろう。

おしょうさんのいうとおり、ムジナは、ひあたりのよい穴《あな》の入り口でな、お医者様からいただいたこうやくを、貝がらごとべったりとおしりにはって、さも気持ちよさそうに、ねむっていたそうな。お医者様は、おかしくてふき出しそうになるのを、じっとこらえて、山をおりてきなさったということだ。

参考文献・伝説の倉賀野
（採話地／高崎市倉賀野）
再　話・佐野　進

いわれ話など

ヘビの目

むかし、ヘビには目がなかったんだって。

あるところに、きれいなむすめさんが住んでいたんだと。

そこへ、ヘビが毎晩《まいばん》いい男になってかよいつづけていたが、かよいつづけたそのあげく、むすめさんの体のぐあいがおかしくなり、顔色も悪くなったので、家の人も心配し、

「どうしたんだ。好《す》きな人でもできたんか。」

と、聞いたんだと。むすめは、

「べつに近所《きんじょ》に、そんな人がいるわけではないが……。じつは、毎晩、どこの人かわからな

い男の人とあっているんだ。」

と、むすめさんは言ったんだと。

むかしのことで、べつに医者《いしゃ》がいるわけではないので、近所《きんじょ》の人にみてもらうと、おなかに子どもがやどっていることがわかったんだと。

そうしていたところが、夜になるとやってくるその人が、どうも、いい男じゃあるんだが目が細くて、目が見えないようすなんで、それがどうも、ヘビのようにおもえたんだと。

そうこうしているうちに、そのむすめさんがいうには、

「わたしは、子どもをやどしているんだけど、家にはいられないし、どうしても、わたしをもらってもらいたい。どこのどんな人だか、今夜はどうか話してください。親にあって話をきめてください。」

といったら、その若《わか》い人が、自分はこういうもんだ、といって白状《はくじょう》したんだと。そこで、むすめさんは、若い人が帰るとき若い人が着ている着物のはしに、針《はり》をさし、針の糸を長くして、むすめさんはついて行ったんだと。しらばっくれて、男にわからないようにあとからついて行ったんだと。いいかげん行ったら、その若い人は、お寺の大きな石がきの間にはいりこもうとして、石がきの間にはいる前に、正体《しょうたい》をあらわしてヘビになったんだと。

さて、石がきの中では、ヘビの親子が話していたと。

「いったいおまえは、おっぽにこんな大きな針をさされて……。この針をさされてくれば、お

まえの命《いのち》は今夜かぎりだ。」

と、ヘビの親がいうと、若いヘビは、

「おれは死んでもいいけれども、おれの子がうまれるから、身代《みが》わりはうんといる。」

と、いっていたと。ところがなかではまだ声がつづいて、

「人間ってりこうなもんだ。思えば、五月の節《せっ》句《く》に、ショウブ湯をたてては入り、たらいをまたげば、へんな物はみんな出てしまう。だから、もし、ヘビのかたちで出れば、すぐに捨てられて、おまえのたねは絶《た》えてしまう。」

といっていたんだと。

むすめは、その話を聞いてきて、聞いたとおりにしたんだと。そうして、むすめは、こう思ったんだと。もし、ヘビの子でも、人間のように、目が見えるといいのにって……。

それから、むすめさんは、ショウブ湯《ゆ》に入っ

たんだと。そして、たらいをまたいだら、その中へ、ごしゃっと出た子でたらいがいっぱいになったそうだ。ヘビの子だよ。そのヘビの子には、むすめさんのねがいどおり、目がついていたんだって。それから、ヘビには目があるようになったんだよ。

それで、今でも五月四日の晩《ばん》には、ショウブ湯をたてて入るんだそうだ。何か変なことがあっても、ショウブ湯に入れば体が清《きよ》められるんだって……。

話　者・柳岡　せつ
（採話地／北群馬郡榛東村）
再　話・井田　安雄

鬼《おに》と長イモ

むかしむかし、あったとさ。

白根《しらね》の山や四阿山《あずまやま》には、鬼《おに》がうんと住んでたんだと。鬼は、人を食ったりお金をとったり、むすめをさらったり、悪いことばっかかししてたと。

ちょうど、五月の節句《せっく》の日のことだ。村の男が、

「いいかい、今日《きょう》はお節句だ。ごちそうに長イモでもおろしておいてくれ。トロロ汁《じる》はうんめ（うまい）いからな。」

と、おかみさんに言いつけておいて、山へ草刈《か》りに行ったんだそうだ。

山の鬼は、ふもとの村を見てひとりごとを言ったと。

「今日は、お節句だな。ひとつ、山をおりてって人間を食うかな。人間どもはかしわもちを食うつうから（という）、おれもごちそうを見つけるかな。」

鬼は、ぶらりと山をおりて、さっきの男の家の前へ来た。かべの穴《あな》から、中のようすをのぞ

いてみると、おかみさんが長イモをすりおろしているところだった。

「あっ、あのおかみさんは、角《つの》を持ってすりばちへ入れてるぞ。」

「よし、あれがごちそうか、おれも作るか。」

と言って、自分の頭の角を、少しくじいて《(折って)》、そばにあった、おろし《(おろしがね)》でおろしてみたが、固《かた》くて、ぜんぜん角はおろせねえ。

「おかしいなあ、もう一ぺん見てくるか。」

穴《あな》からのぞくと、男が草刈《か》りから帰って来て、朝めしを食うところで、

「トロロ汁《じる》は、できたかい。」

「はいよ、できましたよ。どっさりめしあがれ。」

主人とおかみさんは向かい合って、たきたてのめしに、長イモをおろした汁《しる》をかけしょう油《ゆ》をかけて、つるつると食って、舌《した》なめずりをしている。

「鬼《おに》の角をおろして食うなんておそろしい。あんなかてえ角を、あんなにうまそうに食っている。こりゃあ、人間にゃ油断《ゆだん》ができねえ。うっかりすりゃ、こっちまで食われっちゃう。」

鬼は、ぶるぶるふるえだし、そのまま山へにげこんで、どこへ行ったのか、それっきりいなくなったと。それからは、白根《しらね》にも四阿山《あずまやま》にも、鬼はいなくなったとさ。

長イモは、鬼ばらいによいというので、それから方々の家でたくさん作るんだそうだ。

話　者・金子　きよ
（採話地／吾妻郡長野原町）
再　話・豊田　久男
黒岩　和子

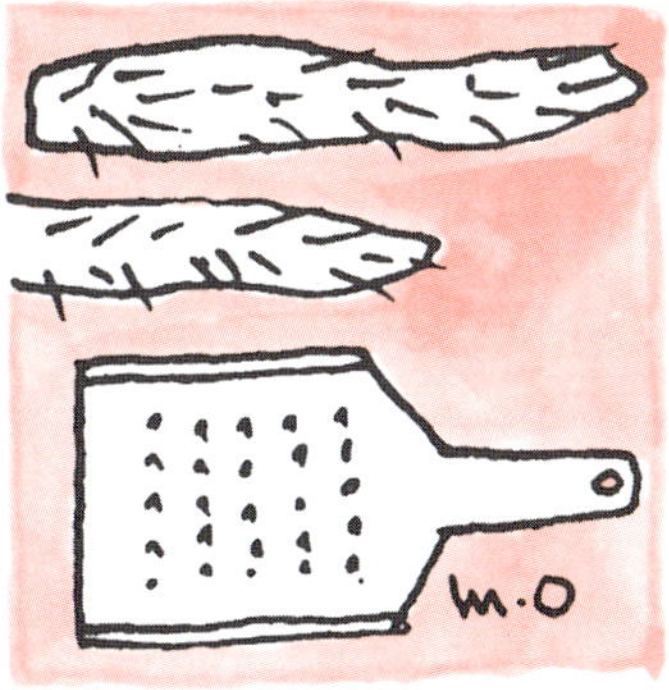

山んばのばけたおよめさん

むかしのう、山おくにわけえくせして、うんとけちなこびき《きこり》が住んでいただと。この男は、こぜにためるなあうんまくって、そうとうためたって近所のし《人に》に言われてただあね。だけど、ね《もともと》がけちだから、よめごをもろうと、よめごを食わして着せとかなくっちゃあなんねえし、そのうち、あかで《あかんぼう》もできりゃあ、またぜにがかかるっちゅうんで、ひとりで住んでいただと。

ある日、どっから来ただか、ひとりのわけえ、えれえいええ《たいへん美しい》むすめっこが、こびきんとけえやって来て、やさしげな声で、

「おめえさんとかあ、女手がなくちゃあ、不自由だべえ《(でしょう)》。おらあ、なんにも食わねえから、おめえさんのおかたにしてくんろ《(およめさんにしてください)》。」

っちゅうんだと。あんまり、いええ女なんで、こびきもついふらふらっとして、うちい来てもろうことにしたわけだのう。

このよめごは、朝っから晩方《ばんがた》まで、そりゃあよくかせぐんで《(はたらくので)》、うちん中もいままでたあ、見ちげえるほどきれいになっただと。それに、こびきが晩方けえってくりゃあ《(かえってくると)》、うんめえ夕はん作っておくし、ふろはわいているし、まあ、いええことづくめさあね。

だけんど、ちっとばかしおかしいことがあるだと。このよめごは、何一つ食わねえし、水一てきものまねえ。けんど、米びつの米が、えれえ早くへっちもうんだとさ。

ある朝っぱら、こびきゃあ、山い行くふりして、しらっくれて《(知らんふりをして)》、てんじょうのはり《(屋根をささえる木)》いのぼって、じっとよめごを見はっていただと。しばらくするちゅうと、そのよめごはかまん中い、米をさっと入れてのう、すげえはやさでゴシゴシといで、それを、へっつい《(かまど)》の火にかけただと。

米がいええぐええにたけると、その女は、こんだあ、てめえのかみの毛えすっかりほぐして、頭のはちをパーンとたたくと、頭がかあってあいたあね。女は、たきたてのめしを頭のはちん中へ、さあっとつめこみ、パターンってしめて、かみの毛えもとのようにくるくるまきつけただと。

「こりゃあばけもんだ。」

男はぶったまげて、はりからさらけ《(おちそうに)》おちそうになったけんど、がたがたふれえながら、はりの上にひっついて《(へばりついていた)》たあさあ。すると女は、

「てめえおれの正体見たな。こうなっちゃあ、生かしちゃあおけね。このけちやろうめ。」

ちゅうて、男をはりからひきずりおろすべえとしたとよ。男は、つかまっちゃあ、いのちがあぶねえと、はりからとびおり、土間《どま》においてある空《から》のゆこがん中い《(ふろおけの中へ)》にげこんで、つっぷしてただと。山んばになった女は、あたりい《(あたりを)》きょろきょろ見まあし、くんくんにおいをかぎまわし、ゆこがんとこい来ると、でっけえ《(大きい)》ゆこがあ頭の上へ持ちあげたとよ。そうして、男のへえったゆこがあかついだまま、風のようなはやさで、山のおくへおくへととんでった《(はしっていった)》だと。

男は、どうにかしてにげ出すべえと考えたあね。それで、山んばが山のフジっつるの下あと

おるとき、いそいで、そのフジっつるつらめえて《つかまえて》、やっとこさゆこがからへえ出したあね。山んばは、それもしらねえで、空んなったゆこがあかついで、どんどん山のおくいとんでったあね。

こびきは、あぶねえところを、山んばに食いころされねえですんだだよ。これもみんなフジのおかげさあのう。

話　者・増田　長吉
（採話地／甘楽郡秋畑）
再　話・磯貝みほ子
斎藤　辰雄

うりひめとあまんじゃく

むかし、じいさんとばあさんが、あっただそうだ。

でまあ、じいさんは山へしばかりに、ばあさんは、川へせんたくに行ったそうだ。そうすりゃあ、まあ、川上《かわかみ》から、でっけえウリが流れてくるだって。

まあ、いいウリが流れてきたで、ばあさんが、とっつかめえて、食うべえと思ったが、あんまりいいウリだで、食うなあもってえねえで《(もったいないので)》、家に持ってきて、じいさんにくれべえと思って、持ってきただってさ。

そうしたりゃあ、おじいさんは、あんまりみごとなウリだったんで、

「そのウリは、食っちゃあなんねえ、わたにくるんで、いろりのすみにおけ。」

って、いっただっちゅう《(いったということだよ)》よ。

それで、ばあさんが、でえじに《(だいじに)》、わたにくるんで、いろりのすみへおいたりゃあ、その晩《ばん》の夜中ごろに、

「オギャー、オギャー。」

って泣《な》く声がするだって。

それでまあ、じいさんと、ばあさんが起《お》きて行ってみたりゃあ、ウリが、きれえにふたつにわれて、かわいいあかんぼうが生まれていただっちゅう《（いたという）》。

それで、まあ、ふたりで、お湯へ入れたりしてかわいがって、そうしてまあ、うりひめって、名あつけて、でえじにそだてたって。

すると、たちまち大きくなっただって。

それで、まあ、山からほど（山イモの一種《しゅ》）をほってきちゃあ、にてくれただっちゅうよ。

そうすると、きれえに皮《かわ》あむいちゃあ、くっただっちゅうよ。

それで、まあ、まいんち、ほどをにちゃあくれ、ほどをにちゃあくれしたりゃあ、めためた《（ぐんぐん）》大きくなっただっちゅう。

それで、うりひめにゃあ、

「きょうは、ほどほりに行ってくるから、はたあ《（機を）》、静《しず》かにおってろ。だれがきても戸をあけるんじゃねえ。」

って、はたおりいさせておいちゃあ、じいさんとばあさんは、山へほどほりに出かけただっちゅう。

そうしたりゃあ、そのるすに、あまんじゃくがきて、

「戸をあけて、入れてくんろ。」

ちゃあ、いうだって。

「じいさんと、ばあさんにおこられるから、やあだ。」

ちゃあ、いうと、

「そうじゃあ、すこし、ゆびのへえるだけでんええから、あけてくんろ。」

ちゃあ、いうんで、少しあけたら、こんだあ、

「うでのへえるだけでんええから、あけてくんろ。」

ちゃあ、いうんで、うでのへえるだけ、あけたりゃあ、あまんじゃくは、力があるもんだから、戸をこじあけて、へえってきちまったと。

そうして、うりひめのきれえなきものをとって、あまんじゃくがきて、あまんじゃくのぼろのきものをうりひめにきせただっちゅう。

それで、うりひめえ、裏《うら》のカキの木にゆっつけて、あまんじゃくは、はたあおっていただって。

そこへ、じいさんとばあさんが、山からけえってきて、ほどをにてくれただそうだ。

「うりひめや、ほどがにえたから、食《た》べろ。」

っていうと、

「はい。」

っていって、ほどの皮《かわ》もむかねえで、食うだっちゅう。

「きょうは、まあ、おもしれえなあ、今じゃあ《今までは》、皮あきれえにむいてくったにまあ、皮あいっこう《少しも》むかねえけど。」

っていったが、うりひめにちげえねえって、まあ、ほどをさんざん《たくさん》、にてくれただって。

こんだあ、きれえな馬にのっせて、じいさん、ばあさんと、あそびに連《つ》れ出しただっちゅうよ。

そうして、裏のカキの木の下へくると、

「うりひめさんの馬に、あまんじゃくがのりこんで、いいこんだ、いいこんだ。」

って、カキの木にゆっつけられたうりひめが、泣《な》いただっちゅうよ。

まあ、こりゃあ、変《へん》だっちゅうわけで、じいさんが、見てみたりゃあ、うりひめがあまんじ

ゃくのぼろ着せられて、カキの木にゆっつけられて、泣《な》いていただっちゅうよ。

こりゃあ、まあ、あまんじゃくは、こんな悪ごとをしたっちゅうわけで、もうぞ《（すぐ）》、うりひめを、木から下ろして、あまんじゃくをはだかにしてきものをきせけえてやっただって。

それで、悪ごとをするあまんじゃくは、ゆるせねえって、はだかにしたまんま、裏山《うらやま》のカヤの原をずり歩いた《（ひきずり歩いた）》だっちゅうよ。

すると、えらい血が出て、その血が、カヤ原のカヤにくっついただっちゅうよ。

それで、今でも、カヤの葉っぱのつけねには、血がくっついて、赤くなってるっちゅう話だ。

話者・中村　ゆき
（採話地／吾妻郡六合村）
再話・山本　茂

サルのしっぽ

むかし、前の高いところに、お諏訪《すわ》（諏訪神社）さまの森があったんだよ。そして、お諏訪さまのそばに、おじいさんとおばあさんが住んでいたんだって。

あるとき、おばあさんが、

「おじいさん、おめえは、何がおっかねえ（おそろしい）。」

といったら、おじいさんは、

「なんたって、オオカミほどおっかねえものはねえ。」

おばあさんは、ムリどん（雨もり）がこわいといって、ふたりでいいっこしていたんだと。そのとき、オオカミの鳴き声がして、ちょうど家の周《まわ》りにオオカミがきたんだって。それで、おじいさんは、おっかながってにげようとして、馬小屋《うまごや》にかけこみ、自分でかっている馬にむちゅうでとび乗り、あわててにげだしたんだって。

馬は、おじいさんを乗せて、お諏訪さまの周りをぐるぐる、ぐるぐるまわっていたんだと。

夜明けに近くなったんで、おじいさんが馬をみると、今まで馬だと思って乗ってたんがオオカミだったんだと。おじいさんは、これは大変《たいへん》だってんで、まわりながら、オオカミの背中《せなか》から手をのばし、お諏訪《すわ》さまのお堂《どう》のとびらを少しずつあけて、その中へとびこんだんだと。そしたら、オオカミが、

「おれが山の中じゃいちばん強いと思ってたんに、おれの背中に乗ってきて、この中にとびこんだやつがある。おれよりきつい(強い)ものが入ったにちげえねえ。」

といって、山のけだものをみんな集めて、

「この中に、なにが入っているか調《しら》べろ。」

といったところが、集まったみんなが、いやだ、いやだ、というのでくじ引きにしたところが、おサルがくじをあてちゃったんで、

「しかたない。弱虫《よわむし》だがおまえ入れ。」

といって、サルが入ることになったんだと。

そのころ、サルは、しっぽが長かったんで、まず、おじいさんの入ったお堂のとびらにあいていた小さい穴《あな》から、そっとしっぽを突《つ》っこんで、中のようすを調べたんだと。そしたら、中にいたおじいさんが、しっぽを手にひっつかんで、思いっきり引っぱったんで、サルはたまげてしまって、ギャーッと鳴いた。それをみたほかの連中《れんちゅう》は、

「サルがつかまった、サルがつかまった。」

といって、後もみずににげだしてしまうし、サルはいくらもがいても、しっぽがぬけねえんで、おおく困《こま》って、つらを《(かお)》まっかにして力を入れ、ギャギャギャーさわいで、とうとう、しっぽがもげ
(たいへん)

ちゃったんだと。

だから、今でも、サルは顔が赤くって、しっぽが短《みじか》いんだとさ。

話　者・松本ちょう
（採話地／多野郡吉井町）
再　話・関口　正巳

きぬがさ姫《ひめ》

むかしむかし、「きぬがさ姫《ひめ》」っていう、とってもかわいいむすめがいたんだと。そりゃ、目んなかに入れてもいたくねえほど、かわいがられて育《そだ》てられたんだと。

ところが、おかあさまは、病気がもとで死んじゃったんだとさ。おとうさまは、姫がかわいそうだと思って、すぐに、新しいおかあさまをもらったんだのお。けんど（けれど）、そのまま母《はは》は美しいきぬがさ姫が、にくくって、じゃまでしょうがねえんだの（ないのです）。

ある日、姫を馬ごやに入れて、とじこめちゃったんだの。姫は、背《せ》なかを馬にけられて、いたくって、でっけえ《(大きい)》声で、泣《な》いたんだと。すると、じいやが、その泣き声を聞いて、助けに来てくれたんだとさ。それが、シジの休みの日※なんだよ。

　馬ごやで失敗《しっぱい》したんで、まま母は、こんだ《(こんどは)》、遠くの山のタカが住んでいる、竹やぶに捨《す》てたんだと。そうすると、タカが姫を連《つ》れてきて、うちの庭においたんだと。それがタケの休みの日※さ。

　二回も失敗したんで、まま母は、こんだ、うらの川に連れてって、船にのっけて《(のせて)》流すべえと思ったんだの。けんど《(けれども)》船《せん》どうが助けて、うちに連れてきちゃったんだと。それは、フナの休みの日※なんさ《(なのです)》。

　これで、三回も失敗しちゃったわけ。まま母は、どうしようもなくなって、こんだ、庭に穴《あな》をほって、姫をいけて《(うめて)》殺《ころ》しちゃったんだとよ。それが、ニワの休みの日※なんだと。

悲《かな》しんだおとうさまは、その土の上にクワの木を植えての、

「生まれ変《か》われたら、このクワの葉っぱくって、生きながらえろ《(いつまでも生きてくれ)》。」

って、ゆったんだと《（いったのだそうです）》。

そんで《（それから）》、いくんちかすると、クワの木の根もとから、くれえ《（くろい）》ちっちぇ虫が、うようよとでてきたんだとよ。

そして、シジ、タケ、フナ、ニワって休《やす》んで、※だんだんとでっかくなって、しれえまい《（白いマユ）》を作ったんだと。

そしてまた、いくんちかたって、そのまいのなかから、ガが出てきたんだの。そのガの顔は、目がぱっちりしてて、きぬがさ姫《ひめ》にとってもよく似《に》てたと。

おカイコの背《せ》なかの、ひづめのもようは、きぬがさ姫《ひめ》が、馬ごやでけられたときのあとなんだとさ。

※カイコは、大きくなるまでに、四回も体の皮《かわ》をぬぐのです。順番《じゅんばん》に、シジ（一眠《みん》）、タケ（二眠）、フナ（三眠）、ニワ（四眠）、と呼《よ》んでいます。皮をぬぐときは、ものを食べずにねむっているからです。このお話の中では、じいやがシジに、タカがタケに、船がフナに、庭がニワにむすびつけられて、語《かた》られています。

話者・若林　なか
（採話地／多野郡吉井町）
再話・若林　群司

村はずれの大入道《おおにゅうどう》

　正月《しょうがつ》のおかざりっちゅうもんは《（おかざりというものは）》、「一夜《いちや》かざり」にするもんでねえんだよ。ちゃんと用意して、十二月の二十九日にゃあ《（には）》、かざりつけをすませるもんなんだ。そいつを《（それを）》守らねえとばちがあたるんだぞ。

　むかし、ある村にひとりの男がいてな、仕事がまにあわねえんで、暮《く》れのおおみそかに、正月の買い物に行ったんだと。町の売り屋で、手おけ、ひしゃく、それから、コンブ、ダイダイ、ミカンなんかも買ったんだと。そいつを、みんなひとまとめにして、でっけえ《（大きい）》荷物をしょい《（せおい）》、ひしゃくを首の後ろにさして、町を出たんだと。そん時は、はあ《（もう）》、日が暮《く》れて、月が高くにあがっていたんだと。村はずれの、さびしい道まで来たとき、男は、なんの気もなく後ろをふり向いたんだと。そうしたら、男のなんべえもある《（なんばいもある）》、でっけえ男《（大きい男）》が、後ろから追っかけて来るんだと。

「うわあ、大入道《おおにゅうどう》が出た、助けてくれえ。」

男は、とびどおしでけえって《（走りつづけて）》きたんだと。やっと家に着いたので、男はひと安心。いせいよく家のとぶ口《（戸口）》めがけてとびこんだんだと。そうするっつうと、なんかが、男の首っ玉をつかめえて、後ろへぶったおしたんだと。男は、

「わあっ、大入道が家までおっかけてきて、おれをつかめえたあ。」

と言ったっきりで、ぶったおれちゃったんだと。

大入道は、ふんとうに《（ほんとうに）》出たと思うかや。「一夜かざりをすると、ばちがあたる。」と思って、びくびくしてた男は、でっけえ荷物をしょった自分のかげを見て、大入道だとはやがってんしたんさ。とぶ口で、首っ玉をつかまれたのはな、自分の首の後ろっかた《（後ろに）》に、つっつさした《（さした）》ひしゃくが、とぶ口の上につっけえて、へえれなかったのさ。

なあ、ふだん、かせがねえで《（はたらかないで）》、一夜かざりなんかするから、ばちがあたったんだで。

話　者・田村啓三郎（採話地／群馬郡箕郷町）

再　話・関根みどり

西方寺《さいほうじ》の大力《だいりき》おしょう

桐生市梅田町《きりゅうしうめだまち》に西方寺《さいほうじ》というお寺があるが、むかしそこにいたおしょうさんのお話だよ。

一　本堂《ほんどう》を作るときのこと

西方寺では、本堂（ほとけ様をおく建物《たてもの》）を作ることになって、たくさんの大工さんがいっしょうけんめいに働《はたら》いていたんだ。仕事もはかどって、いよいよむね上げになったのでおしょうさんは大喜《よろこ》び、ほんとうによく働く人たちじや、どりゃ、ひとつ、みなの衆《しゅう》をねぎらってやろうと思って、仕事場にでかけたんだと。ところが、仕事場をみたおしょうさんは、おやっといって立ちどまったんだよ。たくさんの大工さんがあせびっしょりになって、大きなむな木《ぎ》を動かそうとしているんだが、重くてちっとも動かないんさ。しばらく見ていたおしょうさんは、笑《わら》いながら、

「さてさて、だいぶお困《こま》りのようすじゃ。わしが、ひとつ手をかしてあげよう。」

といって、そばにあったぞうりにはきかえて、何人かかってもびくともしなかったむな木をひょいと持ち上げ、ひとりでさっさとむね上げしてしまったんだと。それをみた、大工さんも、このおしょうさんの大力《だいりき》にどぎもをぬかれ、ことばもなかったそうだ。

大工さんたちは、続《つづ》いて屋根のかやぶき仕事をすることになって、カヤの束《たば》を背《せ》にして、長いはしごを登りおりしていたんだと。おしょうさんは、また仕事場にきたが、今度もまた、仕事ぶりをみて、笑いだし、

「そんなことじゃ、仕事がはかどるまい。」

といったんだと。二度までも仕事ぶりを笑われた大工さんたちは、おもしろくない。そこでむっとして、

「おしょうさんよ。そんなむちゃいわんでおくれ。あの高いところまで持ち上げるんだから、これしかやりようがないよ。」

しばらく、にこにことしていたおしょうさんは、つかつかとカヤの束に近よると、カヤ束をぐいとつかみ、それをぽいっと屋根までほうり上げたんだと。まるで、小石でも投げるように、

らくらくやってしまったんで、頭にきていた大工さんたちも、あきれておこることもできなかったんさ。

この話は、すぐに村じゅうに広がり、それからは、だれいうとなく、「大力《だいりき》おしょう」と呼《よ》ぶようになったんだとさ。

二　鐘《かね》のこと

あるとき、おしょうさんは、用事があって、江戸《えど》へ旅《たび》だつことになった。すみぞめの衣《ころも》にはばき（すねにまきつける細長い布《ぬの》）をつけ、わらじがけでてくてくと歩いていったが、日暮《ぐ》れ近くには、もう熊谷《くまがや》の宿《しゅく》までたどりついたんだと。そこでおしょうさんは、畑から帰ってくるお百姓《ひゃくしょう》さんを呼びとめて、

「もしもし、そこの方《かた》、いま何時《なんどき》かな。」

お百姓さんは、足をとめて、

「きょうは、どうしたわけか、西方寺《さいほうじ》さんの鐘がさっぱり聞こえないんでね。」

といったと。おしょうさんは、

「ああ、西方寺さんの鐘は、きょうは聞こえないって、おしょうさんが話していたよ。」

といって、また、すたすたとでかけたということだよ。

桐生《きりゅう》のお寺の鐘が、遠くはなれた熊谷まで聞こえるほど、おしょうさんのつく鐘の音は、大

きかったんだね。

三　力くらべのこと

おしょうさんの大力ぶりは、村から村へと伝えられて、遠く江戸の町まで聞こえたんだと。これを聞いたある力じまんのおすもうさんが

「なんとかして、うわさのおしょうさんと力くらべをしてみたいものだ。」

といって、江戸から西方寺までやってきたということだ。

おすもうさんは、よし、ひとつわしの力ぶりをみせて、おしょうさんをたまがして(おどろかせて)やろう、と思って、西方寺の山門《さんもん》(お寺の門)のところに生えていた大きな青竹を、すぽんと根こそぎぬいて、それをくるくるとたすきがけにすると、胸《むね》をはって山門をはいり、おしょうさんに力くらべを申しこんだんだと。おしょうさんは、

「はるばる江戸《えど》からおいでとな。おつかれだろう、まずお上がりなされ。」

といって、りきみかえっているおすもうさんをなだめなだめして、くり（お坊《ぼう》さんの居間《いま》）まで連《つ》れてくると、

「いやいや、力くらべなど思いもよらぬこと、わしのこの小さい体では、あなたと力くらべなどでき申さぬ。なにかのお聞きちがいでは。」

と、おだやかにことわったということだ。おすもうさんは、おしょうさんをみて、思っていた大力《だいりき》おしょうのようすとあんまりちがいすぎるので、これはまちがいかな、と首をかしげていたが、おしょうさんのことばを聞いて、なるほどと思い、まことに早まったことをしたもんだ、

とがっかりしたということだ。そして、ねじ曲げた青竹のたすきもはずし、さっきまでの意気ごみもどこへやら、すごすごと帰りじたくを始めたんだと。おしょうさんは、

「江戸からこの寺をたずねたのもなにかの縁《えん》、せっかくじゃからお茶の一ぷくなりとも。」

といって、お茶をすすめ、やがて、

「山寺じゃで、口にするものもないが、こんなものでも。」

と、クルミをもってさしだしたんだと。おすもうさんは、クルミに手をだしかけたがクルミを割《わ》る道具はない。はて、どうしたもんかと思っていると、おしょうさんは、

「こんなものでも山寺の風味《ふうみ》(あじわい)。さ、えんりょなさらずおあがりなされ。」

といって、クルミを食べているんだと。おすもうさんがおしょうさんの手もとをみると、おし

ょうさんはクルミをつまむと、おや指と人さし指の二本でクルミのからをぽちんと割《わ》って、なんのぞうさもないようすで食っているんで、おすもうさんは、はっとしてざぶとんからずりおり、手をついて頭を深くさげ、

「おそれいりました。とうてい、わしの力のおよぶところではありません。さきほどまでの無《ぶ》礼《れい》のかずかず、どうかお許《ゆる》しください。」

と、ひらあやまりにあやまり、そそくさと荷物をまとめ、西方寺《さいほうじ》からにげだしたとさ。

話　者・清水　義男
（採話地／桐生市梅田町）
再　話・前原　二夫

ちから五郎《ごろ》べぇ

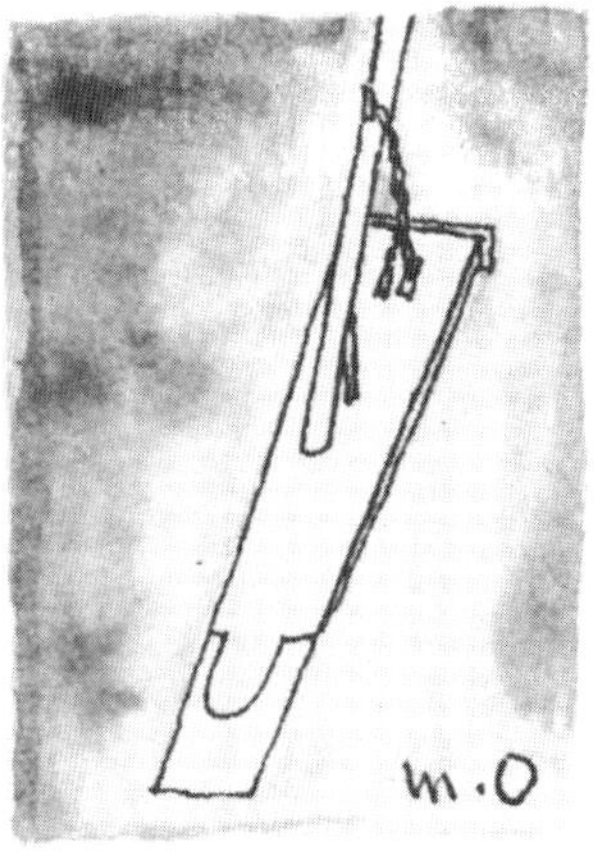

一

むかし、波志江《はしえ》に、五郎《ごろ》べえという男がいたんだってさ。五郎べえは、はんぜいけ※の使用人だったけど、とほうもなく力もちだったんで、人々は「ちから五郎べえ」とか「波志江の五郎べえ」って呼《よ》んでいたそうだよ。

ある時、五郎べえはお百姓《ひゃくしょう》が畑をうなって(耕して)いるのをみて、

「何だ、何だ、何というざまだ。そんなうない方ってあるもんか。おれだったら、そんなうない方なら、えんが(えぐわ)※のはがなくてもやってみせるぞ。」

と、大きな声でいったんだって。これを聞いてお百姓はおこったよ。

「ようし、そんならこのえんがのはをぬいて、うなってみせてもらうべえ。」

ということになったんだってさ。

五郎べえはお百姓からえんがをうけとると、固《かた》くくっついているはを指先でひょいとはずし、

はのなくなった木だけのえんがで、みるみるうちに一せ（約《やく》一アール）ばかりの畑をうなってしまったそうだよ。

「何という力もちなんだろう。」

と、あきれてみていたお百姓《ひゃくしょう》に、

「えんがは、ここへ置くよ。」

といって、土にさし、別《べつ》に自まんするでもなく、すたすたと帰ってしまったんだってさ。

ぽかんとして、そのうしろすがたを見送っていたお百姓が、

「さて、えんがを片《かた》づけようか。」

といって近よってみると、えんがは、すっかり深くささって、土の上に出ているのは、えのところだけになっているんさ。お百姓がうんうんうなって、顔をまっかにして、力をいれても、えんがはびくともしないんだよ。

しかたがないんで、お百姓はえんがのまわり

の土をほって、やっとぬき出したんだってさ。

いちがさけえもうした。

注　※はんぜいけ＝半済家《はんぜいけ》。南北朝《なんぼくちょう》の頃《ころ》、年貢《ねんぐ》をおさめるのに次の年の分を前もっておさめていた豊《ゆた》かな農家で、そのかわり半分の前納米《ぜんのうまい》ですませたという。足利尊氏《あしかがたかうじ》がはじめた制度《せいど》。

※えんが＝柄鍬《えぐわ》。えの長いくわで、えをかつぐようにし、刃《は》を足でふみこみ、土をほりおこす道具。

二

五郎《ごろ》べえの力《りき》は、五人力だか十人力だかわからないほどだったよ。そのかわり、めしをくうのも大ぐらいて、二升《しょう》（ふつうの人の十人分以上《いじょう》）ぐらいは一度にぺろりとたいらげていたんだってさ。

ある日のこと、金蔵寺《こんぞうじ》（波志江《はしえ》にある寺）のおしょうさんが、

「なあ、五郎べえよ。おまえはたいそうな仕事をするけれども、一かたけ（一度の食事）に二升めしをたいらげるとは、またたいしたものだのう。おまえの仕事はおまえがするのではなくてめしがするんだなあ。」

と、いったもんだ。

「へえ、めしがねえ。」

五郎《ごろ》べえは、ふにおちない顔をしていたが、おしょうさんは、ちょうどそこへ人が呼《よ》びにきたので、出かけてしまったんだよ。

ところが、半日ほどして、おしょうさんが帰ってくると、五郎べえが道ばたの畑にこしをおろしてぼんやりしているんだよ。見ると前には、てんが一本、えのところに竹の皮包《かわづつ》みをぶらさげて畑の中にさしてあるんだね。わけがわからないので、おしょうさんは声をかけたよ。

「これこれ、五郎べえ、何をしているな。」

そこで、五郎べえがいうのには、

「うん。なあ、おしょうさん。さっき、おしょうさんは、『五郎べえが仕事するんじゃねえ、めしがするんだ。』と、いったで、おらあ、さっきから、てん（くわ）がにむすびをつけて見ているだが、いっこうにめしは仕事をしねえや。」

と、まじめな顔でこたえたんだってさ。

三

ある時、五郎べえは、主人のいいつけで、八坂《やっさか》の村（波志江《はしえ》の西どなりの村）へ、わらをもらいに出かけたんだってさ。すると、そこのあるじは、

「ああ五郎べえか。わらがいるなら、おまえが一度に持てるだけ、すきなように持っていけ。」

というもんだから、五郎べえはあたりを見まわしていたが、のきに立てかけてあるはしごを見つけると、

「しめしめ、これをしょいこ《（荷物をせおう道具）》にしよう。」

といいながら、庭先にあったわらのたばを全部、山のようにからげて、しょってしまったんだね。

ところが、帰り道、愛宕《あたご》さま《（愛宕神社）》の前まできたところ、五郎べえの高い大きな荷物がめずらしいので、あとをつけてきた子どもの一人が、

「うわあ、ずい分高くわらをしょっていくよ。」

と、何気なく、わら一本を、ひっこぬいたんだって。すると、

「こら、小ぞう。何をする。」

こうさけぶと、五郎べえは、とたんに、へたへたとしりもちをついてしまったんだよ。
不思議《ふしぎ》なことに、わらをしょっている五郎《ごろ》べえの大力は、わら一本ぬかれるのといっしょに五郎べえからぬきとられてしまったんだとさ。

話者・橋田　友治
（採話地／伊勢崎市波志江町）
再話・黒埼　與敬

引間《ひきま》の力《ちから》庄衛門《しょうえもん》

むかし、引間《ひきま》に庄衛門《しょうえもん》という力持ちがいたんだと。

ある日、庄衛門は、おっかさんをおぶって、信州《しんしゅう》（今の長野《ながの》県）の善光寺《ぜんこうじ》へお参《まい》りに行ったその帰り道のこと、碓氷《うすい》とうげのちゅうとこ《（中ほど）》まで来ると、そこに、いじ悪げな《（いじ悪そうな）》馬方《うまかた》がいたんだと。馬方は、道いっぺえに《（道いっぱいに）》馬を休めてるんで、庄衛門は通れねえんだと。庄衛門が、

「馬をどかしてくれ。」

とたのんでも、馬方は、

「勝手《かって》に通りゃ《（通れ）》あがれ。」

つんで《(と言って)》、どけてくれねえんさ。しょうがねえんで、庄衛門《しょうえもん》は馬の足をつかめえて、頭《あたま》より高く持ち上げ、がけの上に、ほうり上げちゃったんだと。ふんで《(それで)》、馬方《うまかた》がたまげているまに、おっかさんをおぶって、とうげをくだっちゃったんだと。

庄衛門が、とうげをくだって坂本《さかもと》まで来ると、こんだあ《(こんどは)》、ちがう馬方がいて、

「どうだ、この馬をつないだぼうがぬけるきゃ《(ぬけるか)》。」

と言ったんだと。庄衛門は、

「こんなん《(こんなのは)》なあ、わきゃあねえや《(たやすいことだ)》。」

つんで、ひっこぬくべえ《(ひきぬこうと)》と思ったんだけど、どうしてもぬけねえんだと。

この話を聞いた村の人は、

「そいつは、だいじょうぶ《（きっと）》、おてんぐ様《さま》だんべ。」

と言ったんだと。そんで、

「親孝行《おやこうこう》の庄衛門が、力があるぶって《（力があるのをはなにかけて）》、まちげえでもしでかしたら《（あやまちをしたら）》おやげねえ《（かわいそうだ）》、と思ったてんぐ様が、馬方になって、いさめたんだんべ。」

と、口々にうわさしあったんだと。

話　者・大山　侊喜
（採話地／群馬郡群馬町）
再　話・関根みどり

うなぎ橋《ばし》

むかしむかし、あったとよ。

あるとき、ひとりの坊《ぼう》さんが、雨あがりのみちをなあ、ピチャピチャと歩いていたが、きゅうに、たちどまったんだと。坊さんは、まっくろにひやけた、じょうぶな顔だったが、見るからに、けだかい坊さんだったちゅうことだ。

なにごとがおこったんだべえ、坊さんはなあ、足もとをながれているほりに目をむけて、じっと考えこんでいるんだと。いつもだと、すんでいるここのほりの水が、きょうは黒くにごって、ゴウゴウと聞こえたげだ。

「こんなあざまじゃ、どうしようもねえ。いつものことなら、すっとぶこともできようが、今日ばかりは《（ようすでは）》、こすことができねえ。」

坊さんは、かさに手をかけながら、

「どうすべえ。よわったもんだ。」

と、考えこんでしまったんだと。

日はだんだんと、暮《く》れかかったんで、坊さんは、なんとか早く、つぎの村までいって、びしょぬれになった着物を、干《ほ》したいし、はらもへるし、こまりきってしまったんさ。

しばらくするちゅうと、坊さんは、あっとおったまげて《（おどろいて）》、からだがぐらぐらして、足が後ろによろめいた。坊さんの目の前をながれているほりが、きゅうに、ザワッ、ザワッと波立ってな、そのなかから、でっけえ《（大きい）》ウナギが、くろい顔をにゅうとだしているんだと。そして、こうぬかしやがった《（いったのだと）》んだと。

「坊さん、わしは、このほりにむかしからすんでいるウナギでごぜいます。こんな、流れでは、とても向こうのどてにはゆかれません。わたしが橋のかわりになりますから、その上をわたってお通りください。」

ウナギはなあ、でっけいずうたい《（からだ）》を水から出して、丸太《まるた》のように、うかべるちゅうと、坊さんはたいへんよろこんでのう。その上を、わたることができたんだと。

「ほんとうに、ありがとう。これで、暗くならないうちに、つぎの宿《しゅく》につくことができるわい。」

だけど、このままでは、もうしわけねえ。坊《ぼう》さんは、心のなかで、これは、ふだんから、信《しん》心《じん》（ありがたく心をよせる）している、仏《ほとけ》さまのおかげだと思ってのう。

「お礼に、このほりにいつでも水が絶《た》えることのねえように、井戸《いど》をほってやろう。」

と、持っていたつえで、どしんどしんと土の上をつついたんだと。そうするちゅうと井戸がでてきてのう。水がこんこんと、わきでてきてのう。ウナギはたいへん喜《よろこ》んで、

「ありがとうございます。ありがとうございます。あなたのお名まえをきかせて下さい。」

「わしは、弘法《こうぼう》というものじゃ。」

といって、となりの村へ、いっちまったんだと。

それからなあ、あとで、ここにかけた橋を、うなぎ橋《ばし》といってのう。村の名まえも今でものこっているんだと。井戸は、弘法の井戸とよんでなあ、どんな日照《で》りが続《つづ》いても水のかれたことはねえんだと。

参考文献・木暮　勝弥「上州の民話」
（採話地／安中市）
再　話・阿部　正恵

おわん貸《か》し沼《ぬま》

むかし、おわんやおぜんを貸《か》す沼《ぬま》があったたんだと。その沼は、あんまりでかくなかったんだと。まわりは、よしご《（ヨシ）》がはえていて、水は、そらあきれいにすんでいたけど、あんまりふけく《（ふかくて）》て、沼の底《そこ》は見えなかったんだと。村人たちは、あんまりふけんで、おっかながっていたんだと。鳥や魚はいねえで、きびわるく静《しず》かな沼だったんだと。

ところで、どこんちでも、よめごをもらったり、むすめっ子をやったりするときゃあ、人をいっぱいよぶでなあ。そんなにたんと《（たくさん）》人をよぶと、どこんちだって、おわんやおぜんはたんねえ《(ふそくして)》でなあ。こんなときゃあ、あっちこっちから借《か》り集めて、まにあわせたんだと。

ある時、あるばあさんちで、せがれがよめごをもらうってんで、人をよびすぎて、どしても、おわんとおぜんがたんなかったんだと。そんでなあ、ばあさんは、この沼が、ねげえごとを紙に書いて投げこむとかなえてくれる、ということを思い出したんだと。

ばあさんは、白い紙に、おわんとおぜんを貸してくれるように書いて沼に投げこむと、紙は沼の底にすいこまれるようにへって《(入って)》いってなあ、すこしたったら、ちゃんと、おねげえした数《かず》だけ、うかびあがったんだと。そのおわんやおぜんはええもんでなあ、客《きゃく》たちは、ええ《(よい)》わんだ、ええぜんだとゆってほめたんだと。しゅうぎがおえて、ばあさんは、おわんやおぜんをなしに《(かえしに)》行き、沼にむかって、

「たくさんのおわんやおぜんを、ありがとうがんした《(ございました。)》。みんなにええおわんやおぜんだとほめられやんした《(ました。)》。」

と言って、沼に投げけえすと、おわんとおぜんは、沼の底へすうっとしずんでいったんだと。

この話を聞いた村人たちは、人よせがあると、沼におねげえして、おわんやおぜんを借りたんだと。

あるばあさんが、

「わんやぜんを、沼へけえさねえで《(かえさないで)》、とっておくべえ。」

と言ったんだと。そしたら、みんなが、

「なにか、わりことでも《(よくないことが)》あったらていへんだ《(たいへんだ)》。」

と言ったんで、ばあさんはしぶしぶけえしたたんだと。

こんなことがあって、間《ま》もねえころ、よくふかばあさんが、沼におわんとおぜんの数をいっぺい《(たくさん)》書いて、貸《か》してくれるようにおねげえしたんだと。そんでも、沼はちゃんと貸してくれた

んだと。

　よくふかばあさんは、こんなに借《か》りて、みんなけえすことはねえや、沼に何がわかるもんかと思って、数をへらして、けえしたんだと。そしたら、おわんやおぜんは、しずまねえで、ういているんだと。よくふかばあさんは、どうしたんべなあ(どうしてだろうな)と思って、次の日に見に行ったんだと。そしたら、しずんでいねんだと。その次の日も、よくふかばあさんは見に行ったんだと。おわんやおぜんは、そのままだったんだと。

　よくふかばあさんは、きみがわるくなっちゃって、家にのこしたおわんやおぜんを、みんなけえしたんだと。そしたらなあ、それまでういていた、おわんとおぜんは、みんな沼の底へしずんでしまったんだと。

　このことがあってからなあ、村人たちが、白い紙に書いていくらおねげえしても、その紙は水面にういてるだけで、沼は、おわんやおぜんをとうとう貸さなくなっちゃったんだと。

話　者・大島　せい
(採話地／館林市・板倉町)
再　話・落合　敏男

チャンコロリン石

むかしむかしのことだがのう。こういうお話が安中《あんなか》にあったんだと。

「ぼうや、もうねんねえするんだど。また、あのおっかねえ《(こわい)》チャンコロリンがくるからのう。」

夕飯《ゆうはん》を食べ終わって、家のなかで遊んでいる子どもは、おっかさんのひざにすがっていても、さっさとふとんの中にへい《(はいる)》らなければならなかったんだと。

街道《かいどう》の宿場《しゅくば》町は、日がしずむちゅうと、昼間のにぎわいがぷっつりときえてのう。町の人びとは早くからふとんに入り、通りには人のかげ

がみえねえんだ。宿屋《やどや》ののきのあんどんの油が少なくなり、ジジッとなって消えそうになるちゅうと、遠くの方から、

チャンコロリン、チャンコロリン

と、わけのわからない音がするんだ。この音がすると、どこの家でも、ふとんにもぐりこんで、じっとその音が通りすぎるのを待っているんだと。

いつごろから、こんなえたいの(本当のすがたのわからない)しれねえことが起《お》こったかは、だれもしらねえ。でもなあ、気のつええ(強い)若《わか》いしゅう(若者)がこわごわ戸のすきまからのぞくと、ひとかかえもある大きな石が、ひとりでチャンコロリン、チャンコロリンと、宿《しゅく》(家のつづいているところ)のかみからしもの方へころげまわっているんだと。そして、夜あけ近くなると、ふしぎな音はぷっすりとやんで、ころげまわった石は大泉寺《だいせんじ》の庭に、知らねえつらしてどっしりとおさまっているんだと。そこで、困《こま》った宿の人たちが、城《しろ》のさむらいにたのんで、刀で切りつけてもらったら、よけえでっけえ音をだしてころげまわるんだと。どうしようもねえなあ。

町がだんだんさびれてくるんで、困《こま》った宿の役人《やくびと》は、とうとう大泉寺のお坊《ぼう》さんにたのむことになって、寺へ行ってわけを話し、お坊さんにすがったんだと。お坊さんは、じっと聞いていたが、

「ようわかりました。わしにおまかせくだされ。」

と、すぐにひきうけてくれたんで、役人たちは喜《よろこ》んで帰ったちゅうことだ。

坊《ぼう》さんが、その晩《ばん》、だれも通らない宿《しゅく》の往来《おうらい》にでてみると、聞いたとおり、大きな石がチャンコロリン、チャンコロリンところがってくるんだ。それをみて、お坊さんは、

「なむあみだぶつ、なむあみだぶつ。」

と、お経《きょう》をとなえながら、石のあとをついていったんだと。でっけえ石は、チャンコロリン、チャンコロリンと、お経に追われるようにしてころがり、大泉寺《だいせんじ》の門の中に入って、台のうえにちょこんとのってしまったんだと。坊さんは、じゅずの音を高くしてお経をあげると、用意していたくぎをうちつけたんだ。お経の声と金づちの音がお寺の境内《けいだい》じゅうにひびきわたったんだと。

それからは、チャンコロリン石も、もう宿の道をころげまわらなくなり、町の人もゆっくりねむれるようになったちゅうことだ。

参考文献・「安中志」（採話地／安中市）

再　話・阿部　正恵

夜泣《よな》き桜《ざくら》

滝《たき》の慈眼寺《じがんじ》といえば、それは名高い桜《さくら》の名所《めいしょ》じゃった。その桜は、しだれ桜《ざくら》といってな、三月のおひがんごろから四月のはじめにかけて、みごとな花をさかせるのじゃ。

ある年のこと、前橋《まえばし》のお殿《との》さまが、そんなにみごとな桜ならば、ぜひとも一目《ひとめ》見たいものだといってな、ご家来衆《けらいしゅう》と出かけてきたそうだ。

「ほう。これは、まさしく聞きしにまさるみごとな桜じゃ。」

と、たいそうほめたたえたのだが、そのあまりの美しさに、桜のひとかぶを、どうしてもお城《しろ》に移《うつ》したいものじゃと、言いだしたたと。おしょうさまは、お殿《との》さまのたってのねがいじゃというので、ことわるわけにもいかず、とうとうお城《しろ》に移しかえることをしょうちしなすったということじゃ。

「これは、かたじけない。」

と、お殿さまはよろこんで持って帰り、お城の庭に植《う》えたが、どうだろう、あれほどみごとにさいた花が、お城に移してからというものは、ひとえだもさかないばかりか、桜《さくら》のみきさえ、いつしかよわよわしくなっていったので、お殿さまはついにはらを立て、切ってしまおうとさえ、思うようになったんだと。

ある夜のこと、お殿さまが、お城のおくの間《ま》でおやすみになっていると、どこからともなく、すすり泣《な》く声が聞こえてくるので、

「何者《なにもの》じゃ。そこで泣いておるのは。」

ふしんに思ったお殿さまが声をかけられると、そこには美しいむすめが、目にいっぱいなみだをためてすわっていたんだと。

「こんな夜ふけに、何の用じゃ。」

「はい。わたしは、しだれ桜《ざくら》の化身《けしん》でございます。どうか家に帰らせてください。」

むすめは、悲《かな》しい顔をして、たのんでいるので、はっとして、お殿さまが起きあがると、そこにはもうだれもいない。

「はて、今のはゆめだったのか。」

お殿さまは、ふしぎなこともあるものだと思ったが、その夜はもうそれきりだったと。ところが、翌日《よくじつ》もまた同じゆめを見て目がさめ、その翌日も、またその翌日も、毎夜同じゆめばかり見たんだと。

そこで、ある夜、また美しいむすめが現《あらわ》れて泣いているので、むすめにたずねたんだと。

「そんなに帰りたいというが、おまえの家は、どこじゃ。」

すると姫《ひめ》は、

「はい、滝《たき》の慈眼寺《じがんじ》でございます。」

そこで、お殿《との》さまは合点《がってん》がいって、

「わかった。わしがわるかった。さぞかしさみしかったことじゃろう。どうりでこれでは花もさかないはずじゃ。よしよし、すぐにでも帰してつかわそう。」

「ありがとうございます。」

というが早いか、むすめのすがたは見えなくなったんだと。

お殿さまが、わけを話して、桜《さくら》の木をお寺にかえすと、どうだろう、お城《しろ》ではひとつも花をつけなかったしだれ桜《ざくら》は、それはそれはみごとな花をさかせるようになったそうだ。

話　者・相原亀太郎
（採話地／高崎市上滝町）
再　話・佐野　進

お地《じ》蔵《ぞう》さまの話

耳だけ極楽《ごくらく》に行った話

むかしむかし、あるところのおばあさんが病気になってなくなり、地獄《じごく》に落ちていったとさ。地獄へ行く道のとちゅうに、お地蔵《じぞう》さんが立っていたので、おばあさんは、

「お願《ねが》いだ、お地蔵さん。どうか極楽《ごくらく》へ連《つ》れてってくだせえ。」

と、そでにすがってたのんだと。あんまり熱心《ねっしん》にいうもんで、お地蔵さんは、

「それほど行きたいのなら、連れて行ってあげよう。」

といって、極楽へ連れだって行くことになった

んだって。
極楽《ごくらく》に着《つ》くと、大きな池の中にハスの花がいっぱいさいていて、近くに大きな倉《くら》がたってい
たんだと。お地蔵《じぞう》さんは、その中のひとつの倉に、おばあさんを連《つ》れて入ったんだと。すると、
そこには、箱《はこ》がたんとならんでいて、箱の中には数《かず》の子《こ》のような形をしたものが、きちんとな
らべてあって、ひとつひとつに人の名まえがついていたんだと。
「これは、なんだんべ。」
と、おばあさんが聞くと、
「舌《した》だよ。」
と、お地蔵さんがいったと。次の倉に行くと、こんどは、キノコのようなもんが、何千何万と
かんじょうできないほどならんでいたんで、おばあさんが、
「これは、なんだんべえ。」
と聞くと、お地蔵さんは、
「耳だよ。」
と、自分の耳を指さしながら、歩いて三つめの倉の前まできたが、そこを通りすぎて、もとき
た道へ帰りかけたと。そうして、お地蔵さんが、
「さあ、約《やく》そくどおりにしたよ。これから、あの地獄《じごく》へいきなさい。」
というので、これを聞いたおばあさんは、

「どうか、わしをこの極楽においとくれ。」

とたのんだと。

「いやいや、おまえさんは、極楽に行けるような、いい行《おこな》いをしたことがあるかな。」

といって聞き入れてくれないんだって。そうして、

「そんなにいうなら、おまえさんの耳だけ、極楽にやるようにしよう。おまえさんは、生きているとき、いいことはいろいろ耳に聞いていたが行わなかった。だがいいことを聞くことだけはしたようだから、せめて耳だけ極楽へ行かしてやろう。」

こうしてどうやら、おばあさんの耳だけが、おばあさんのからだをはなれて、木《こ》の葉《は》のようにまいながら極楽さして飛《と》んで行ったとさ。

出典・上野　勇編「利根昔話集」
（採話地／利根郡昭和村）
再　話・橋爪鉄次郎
田畑　一夫

ぼたもち地蔵《じぞう》

むかしむかし、あるところに、正直《しょうじき》でよく働《はたら》く男があったんだと。

ある朝、暗いうちに起きて、おかみさんとぼたもちを作ったんだと。ぼたもちをまるめているると、ひとつのぼたもちがころがり落ちて、ころおうとすると、どんどんころがっていったんだと。

男が、あとを追っかけていくと、お地蔵《じぞう》さまのお堂《どう》の中に入っていったんだと。中に入ってみると、口のまわりをあんこだらけにして、お地蔵さまが立っていたんだと。お地蔵さまは、

男をみると、

「わしのひざの上にのぼりなさい。」

といったんだと。男は、

「とんでもねえ。お地蔵さまのひざにのぼるなんて、そんなもってえねえことはできねえ。」

と、ことわったが、お地蔵さまが、

「いいから上がれ、上がれ。」

というので、ぞうりをぬいでおそるおそる地蔵さまのひざの上に上がったんだと。そうしたら、こんどは、

「わしの肩《かた》の上にのぼりなさい。」

といううんだと。男は、

「とんでもねえ。そんなもってえねえことはできねえ。」

と、ことわったんだが、お地蔵さまがのぼれ、のぼれというんで肩にのぼったんだと。そうしたら、またお地蔵さまが、

「わしの頭の上にのぼりなさい。」

といううんだと。男は、もってえねえ、とことわったんだけど、お地蔵さまが、いいから、いいからといううんで、お地蔵さまの頭の上にのぼったんだと。そうしたら、お地蔵さまが、

「ニワトリのまねをして、大声で鳴《な》きなさい。」

といったんだと。男は、ここまできたんだからしかたねえと思って、大きな声で、

「コケコッコウ。」

と鳴《な》いたんだと。すると、頭の上で、何やらドザドサと物音がしたんだと。お地蔵《じぞう》さまが、

「屋根《やね》うらに行ってみなさい。そこにある物は、みんなおまえのものだ。」

といったので、男が屋根うらに行ってみると、お金《かね》や宝物《たからもの》がたんとあったんだと。

この話を聞いたなまけ者の男が、まねをしたくなって、ぼたもちをつくったんだと。ぼたもちを、わざと落としたけど、ころがらないんで、足でけとばし、けとばししてお地蔵さまのお堂《どう》までやってきたんだと。お地蔵さまが、ぼたもちを食いたいとも何ともいわないのに、男は

お地蔵さまの口に、どろだらけのぼたもちをむりやりにおしこんだんだと。そして、お地蔵さまが、ひざの上にのぼれとも何ともいわないのに、土足《どそく》のまんま、ひざの上、肩《かた》の上、頭の上へとのぼって、頭の上にのぼるや大声で、

「コケコッコウ、コケコッコウ。」

と鳴《な》いたんだと。そーしたら、頭の上でドサドサと音がして、大ぜいの鬼《おに》がおりてきて、

「夕方、ニワトリが鳴くなんて、おかしいぞ。」

「このまえも、ニワトリのまねをして宝物をとったのは、この男だ。」

とおこって、宝物をもらうどころか、なまけ者はさんざんなめにあったんだとさ。

話　者・橋爪　すぎ
（採話地／吾妻郡吾妻町）
再　話・橋爪ちくを

田《た》植《う》え地《じ》蔵《ぞう》

いつのこったかおぼえがねえが、えれえむかしのこったちゅわい。

川を南に、しせど《（裏手）》を山に囲《かこ》まれた日だまりのこの村にゃ、わけなしほいねえ《（大変ありがたい）》地《じ》蔵《ぞう》さんがまつられてあったんだちゅわい。

雪もとけて水がぬるみ、春ともなると、わけえし《（若者たち）》のうたう田《た》植《う》えうたが日《ひ》して《（一日じゅう）》え聞こえ、どこんち《（どの家）》でもネコの手もかりてえような日が続《つづ》いていたと。

そんな朝っぱら《（朝はやく）》、ええ働《はたら》き手も少ねえたけばあさんち《（家）》じゃあ、やっとこさめっけた《（見つけた）》おとこし《（男の人）》

に、

「おーい、みなん衆《しゅう》、ようはん《(夕食)》までにゃあ手ばる《(かたづかない)》かも知んねえが、おなべ《(夜の仕事)》にならねえように気ばって植えてくんろい。」

そう言って、ねえまから《(なわしろた)》ねえ《(なえ)》を運んで田っぽにうった《(投げた)》。そしてせっせと《(せいを出して)》なえを植えた。やがて南の山かげにおてんとうさまがへえって《(はいって)》水も冷《つめ》たくなり、手もともくらくなりかけたころ、

「じいさまあ、やっぱりきょうはむりだっぺ。」

たけばあさんはそう言って、ふうこう《(ほおかぶり)》をとり、こしをのした《(のばした)》そん時だ。せめえ《(せまい)》田っぽのくろ《(田のあぜ)》を旅《たび》じたくしたおとこしがえんで《(歩って)》来て、なえを植えているわけえしの間にへえってすけ《(助け)》はじめたんだと。

「村じゃあ見かけねえが、どこんち《(どこの家)》のもんだんべ。」

わけえしたちはふしぎに思ったちゅうが、

「だれか身内《みうち》《(しんせき)》のもんでもすけっとにたのんだんだんべー。」

そう思って、いそがしいときだもんでだれも声をかけなかったんだと。月明かりでもたよらなけりゃあとうていむりだと思っていたたけばあさんも、そのわりにゃあ早く終わったんでよろこんで、ようはん《(夕食)》のしたくにうちへけえった。やがて田っぽからあがったわけえしは、せきで《(小さい流れ)》手足をあらっている見知らぬおとこしにようはんをさそった。けんど、その人はひとこともいわずにくろをわたってどこかへえんで《(行って)》しまった。その夜、見知らぬおとこしの話がでたが、た

けばあさんちの身内にはそんな人はいねえということだったちゅわい。

　次の日も田植《たう》えにゃあてんで(とても)いい日だった。ねえまじゃあ、ふうこうかぶりのおとこしがたばこをふかしながらのなえをはたく水音が、あっちからも、こっちからも聞こえていた。その夕方、田植えの手ばった家で、見知らぬ旅姿《たびすがた》のおとこしにすけっとしてもらったので助かった、という話があった。次の日にも村はずれの家におなじことがおこった。

　やがて、村では一番おそい家の最後《さいご》の一枚《いちまい》が終わろうとしている夕方、やはりひとりの旅姿のおとこしが現《あらわ》れた。うわさを聞いていた家の主人は、

「あの人にちげえねえ、この村もうちが最後で田植えが終わんじゃあ、きょうはお礼をしてえもんだ。」

そう思って、仕事が終わるのをまっていた。うわさどおり、仕事が終わるとようはんのさそいにもこたえず、そそくさと田っぽのくろを去っていく。主人は見失《みうしな》わないように後をつけたが村の中ほどの寺の門をはいったとたん、そのおとこしの姿はふっと消《き》えてしまった。ふしぎに思ってくりのおっしゃまに、

「おっしゃま、（おしょうさん）寺では旅人《たびびと》をとめておられるべえ。」

するとおしょうさんは、今どきはおらんと答えて、わけをたずねたので、主人は、村であった一部始終《いちぶしじゅう》（はじめからおわりまでのこと）を話した。すると、

「そう言えば最近、ご本尊《ほんぞん》さまの衣《ころも》のすそに土がついていたのでへんに思いながらもふいておくと、また次の日もついている。それではご本尊さまが……。」

という。

ことのしだいを聞いた村人（村人たち）でえはそののちだれいうとなく「田植《たう》え地蔵《じぞう》さま」と呼《よ》んでうやまったという。

話者・桑原竹太郎
飯田　清子
再話・細矢　久
（採話地／利根郡白沢村）

信玄堂《しんげんどう》のお地蔵《じぞう》さま

むかしっからなあ、この村の信玄堂《しんげんどう》には十二のお地蔵《じぞう》さまがまつってあってのう。

ある晩《ばん》なあおっしゃん（おしょうさん）が信玄堂にけえってみるっちゅうと、ふしぎになあ、お地蔵さまが十三いるじゃあねえか。次の晩も次の晩も、お地蔵さまが十三いるんで、おっしゃんすっかり考えこんだちゅうぞ。こらあ、きっと、ばけもんがばけているにちげえねえ、なんとかしなくっちゃああんめえ（しなくてはならない）と思ってのう。

そこでなあ、次の晩になるのを待って、おっしゃんは十三のお地蔵さまのめえで（前で）、

「毎晩なあ、おれがけえってくるっちゅうとお地蔵さまは頭をさげてくれるんだけど、近《ちか》ごろは頭をちっともさげねえお地蔵さまが一ついるなあ。」

ってうそっぱちを言ったんだっちゅう《そうだ》。

次の晩、おっしゃんがのっそりのっそりけえってみるっちゅうと、おっしゃんを見て、ペコペコ頭をさげるお地蔵さまがあるんだと。おっしゃんは、やっぱし《やっぱり》ばけもんがおれをだましてけつかるな《だましているな》ってわかって、にたりとお地蔵さまを見たんだのう。

そして、おっしゃんは頭をさげたお地蔵さまの前で、

「そういやあ、めえにいっぺんお堂《どう》のそうじしてくれたお地蔵さまがいたっけなあ。お堂がまたきたなくなってきたからそうじでもしてもらいてえもんだ。」

と言った。

頭をさげたお地蔵さまは、急に、しりからでっけえ《大きい》しっぽを出して、ほうきがわりにして、右に左に、さっさか、さっさかはきはじめたもんだ。これを見たおっしゃんは、ははあ、こりゃあキツネがばけているんだな。こっちからひとつばかしてやんべえ《やろう》と思ってのう。

そこで、おっしゃんが、

「あっ、そうだ。うちのお地蔵さまはみな、おどりもじょうずにおどってくれるんだっけなあ。」

っていうっちゅうと、ちょうしづきゃあがったお地蔵さまは、でっけえしっぽを出したまま、よう気におどりはじめたんだっちゅう。

おっしゃんは、おどっているお地蔵《じぞう》さまのしっぽを、

「こらあ！」

と大声でどなって、ふんづかめえると《（つかまえると）》、お地蔵さまはコーンとないてとたんにキツネにもどったんだっちゅうわい。

おっしゃんが、

「もう人間さまをばかすんじゃあねえぞ。」

というちゅうと、キツネはわかったような顔をして、山へとんでにげて行ってのう。

それからっちゅうものは、信玄堂《しんげんどう》のお地蔵さまがふえることは、二度となかったっちゅうことだ。

話　者・天野　甚亥
（採話地／甘楽郡南牧村）
再　話・関　利行
採　話・富岡東高校郷土研究部

かさ地蔵《じぞう》

むかしむかし、あるところに、おっかさんとむすこが住んでいたって。

ある年の十二月、はあ《(もう)》、正月がくるで、おっかさんは、むすこに、金《かね》持たせて、

「おめえ、このお金で、米買ってこう《(こい)》。」

といってやっただと。

するってえと、とちゅうで、雪が降《ふ》ってきただって。

めためた《(どんどん)》行ぐと、道わきにお地蔵《じぞう》さんが、雪かぶっていたんだと。

むすこは、お地蔵さんがおやげねえ《(かわいそうなので)》で、おっ

かさんからあずかった金で、すげがさを買っちまったんだと。

それで、六人のお地蔵さんに、みんなかぶせて、家に帰ってきたって。おっかさんが、

「米買ってきたか。」

と聞くと、

「お米は買ってこねえだ。とちゅう、お地蔵さんがぬれてておやげねえで、すげがさを買って、かぶせてきただよ。」

といっただって。

「そうか、そりゃあいいことをしただから、しょうねえ、今夜は食わずにねべえや。」

と、なんにも食わずにねただって。

すると、その晩《ばん》の夜中《よなか》になると、おもてで、何やら声がするだって。

ふたりが目えさましてじっと聞いていると、

「おサルのふんぐりゃあ、ぬれてもいい。地蔵のふんぐりゃあ、ぬうれるな。サルのふんぐりゃあ、ぬれてもいい、地蔵のふんぐりゃあ、ぬうれるな。」

と、がなる声がするだって。

おっかさんとむすこが、そうっとのぞくと、大ぜいのサルが、六人のお地蔵《じぞう》さんの（を）うだいじそうにかついでくるだって。

そんで、六人のお地蔵さんは、ひとりひとりが、米だの、お金だのをたいへん持ってきて、おっかさんとむすこの家の前に、山のようにおいていったんだと。

そんで、その家は、たちまち、おだいじんさん（お金持ち）になったとさ。

話　者・相京　やえ
（採話地／吾妻郡吾妻町）
再　話・山本　茂

こっけいな話

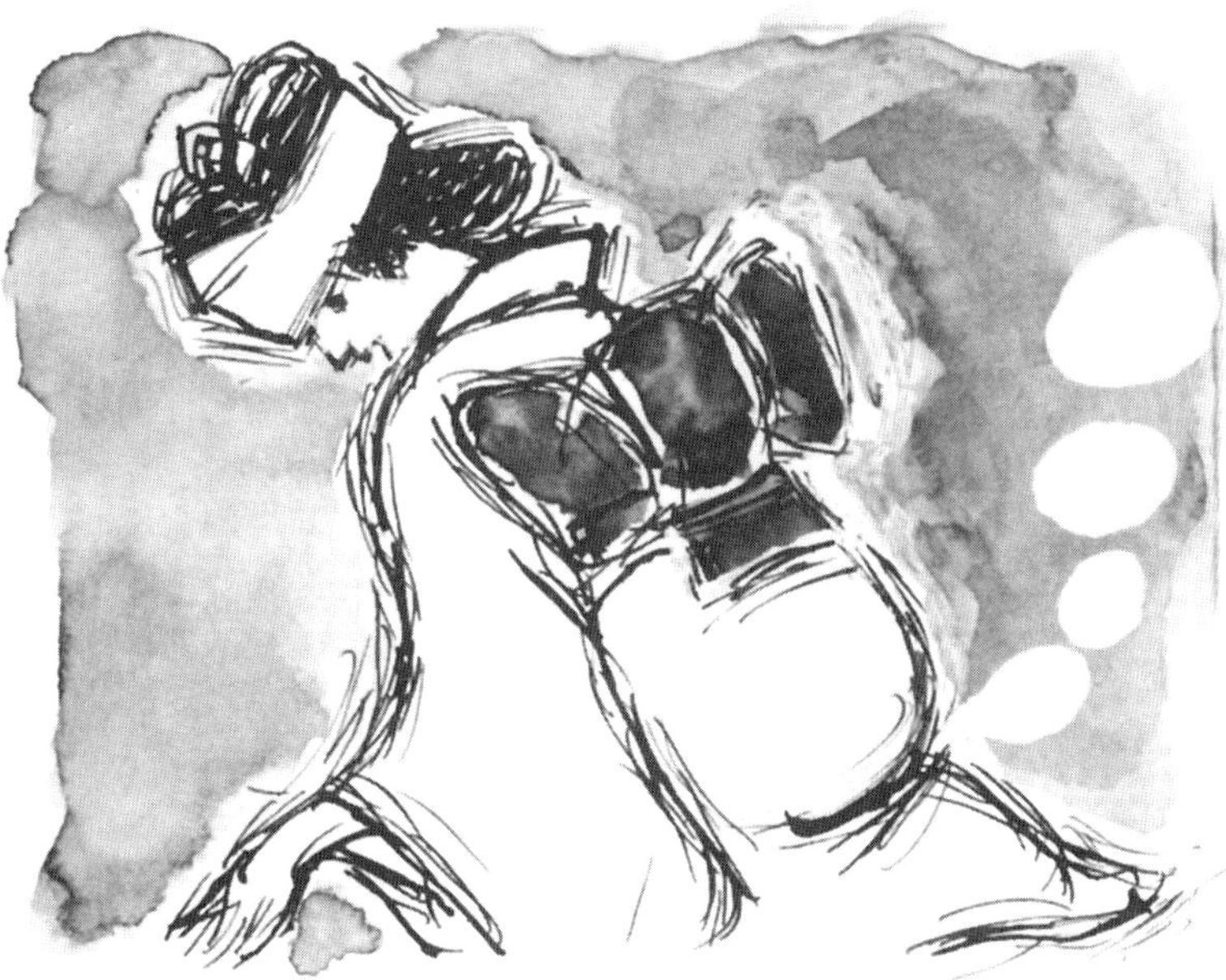

赤城《あかぎ》のへっぷり鬼《おに》

むかーし、赤城《あかぎ》の山に、たいした鬼《おに》がおったんだと。それも、一つや二つじゃないでよ。大きいの、小さいの、合わせてざっと百ぴきもおっただと。

中でもな、赤い鬼と青い鬼がおってよ、これが、東西《とうざい》の大横綱《よこづな》さ。なんたって、ずう体《たい》はでけえんだし、力もめっぽう強かった。だから、どんなに力勝負《ちからしょうぶ》をしてもきまりがつかぬ。本当のところ、どっちの鬼が一番なのか、まわりの鬼たちゃきめかねていた。

そこで、ここ一番という大勝負の前になると

な、

「ことしゃあ、なんたって赤鬼《あかおに》どんが勝ち名のるぞお。」

「なんの、なんの。青鬼どんこそ、勝ち名のるでえ。」

とまあ、そんなぐあいでな。にぎやかといったらありゃしない。もっとも、これが鬼たちにとって、一年に一度の楽しい祭《まつ》りでもあったのさ。

秋も深くなったある年のことだ。青鬼が鼻高くして、赤鬼のところへやって来たと。

「おうい、赤鬼どん。ことしの勝負《しょうぶ》は、おらのもんだでや。」

と、なにやらもくさんありげにいうだと。ところが、赤鬼にももくさんがあったでな。

「なんのなんの。(心づもり)ことしこそは、おらが勝負をつけてやんべえ。いまから、かくごしておくこったぞ。」

と、これも鼻いきあらくしていったたと。

さあて、二ひきのもくさんとはこうだ。

その年ゃな、いつにもなく里《さと》に山イモができおった。この山イモが、めっこき鬼の(めっぽう)大好物《だいこうぶつ》。赤鬼ゃ、この山イモを東の里で見つけると、青鬼にゃないしょでよ、自分だけの物にしようとほって来て、ねぐらいっぱいにためこんだとよ。

ところが、青鬼もな、西の里で見つけた山イモを、赤鬼にゃないしょでよ、自分だけの物にしようとほって来て、ねぐらいっぱいにためこんでおいたんだとよ。

こうして、二ひきはな、大勝負を前にして、この山イモをたらふく《(いっぱい)》たべて力をつけ、こんどの勝負で相手《あいて》の鼻をあかしてやろうと、さく《(さくせん)》をねっていただとさ。

やがてな、祭《まつ》りの日が近づいてくるとな、二ひきの鬼は、とって来たイモを、やいたりにたり、ふかしたり、もう、ありとあらゆる方法《ほうほう》で、もぐもぐ、ぱくぱく食いに食っただと。とにかく、相手に勝つにゃ力をつけておかねばなんねえからな。

ところがよ、一つ困《こま》ったことになった。それは、あんまりイモばかり食ったので、はらがはってしかたがなんね。がまんしたって、立ちゃ、すわりゃ、ブウ、ブウ。笑《わら》えば、ブウ。ブウブウ、ブウブウ、からだ動かすたんびにとび出して、おっとまりがつかねえ《(とまらない)》。

小鬼どもこそいいさいなんさね。しかし、それもこれも大勝負を前にしての大事《だいじ》、みんな鼻をつまむやら、外へにげ出すやらで、なんとかがまんをし続《つづ》けた。

さあて、いよいよ、その祭りの日がやって来たな。

ことしこそは、おらの大将《たいしょう》が一番だぞとばかり勢《いきお》いこんで、赤城《あかぎ》の山のてっぺんに集《あつ》まって来たと。小鬼たちゃ自分びいきの色うちわをもって応《おう》えんだ。そうして大将を待った。

そうするうちに、東からは赤鬼が、西からは青鬼が、土俵《どひょう》の上にあらわれたな。

「うわあーっ。」

という、かん声があがってよ、いよいよ大勝負がはじまることになった。

年とった黒鬼が行司《ぎょうじ》の役をひきうけて、気どった声でこう呼《よ》んだ。

「ひがあーしい。赤鬼《あかおに》い。赤鬼い。」

「にいーしい。青鬼い。青鬼い。」

呼《よ》び出された二ひきは、土俵《どひょう》の上で塩《しお》まくと、しこをふんだ。そのでっかいことといったら、あたりの山が、ぐらぐらっ、ぐらぐらっとゆれただとや。

「見合って、見合って。」

行司《ぎょうじ》のかけ声が、ひと声高くなると、赤鬼ゃますます赤くなるし、青鬼ゃますます青くなった。じっと見合っているうち、ころあいよしと立ち上がった。

二ひきは、まるで岩っかじらのように、ガチッと音をたててぶつかり合った。そのひょうしに、角《つの》と角がぶつかってよ、火ばなが飛《と》び散《ち》ったと。それがあたり一面の木にかかって、きれいなもみじになっただと。

はて、取っ組んだ二ひきは、土俵のまん中で、ぶつかり合ったまんま、はあはあと肩《かた》で息《いき》をつきながら、どっちもゆずらず立ち合っていたな。

小鬼どもは、この先どうなるかと、かたずをのんで見まもっていた。ところがよ、取っ組んだ二ひきの鬼は、おたがいに困《こま》ったことがおこった。それはな、赤鬼ゃ出てえもん《(おなら)》が出たくなった。青鬼も、出てえもんが出たくなった。

そう方が、大事の時に困ったもんが出たくなってしまったわけだ。こりゃ弱《よわ》ったな。もしも、どっちかがこらえきれずにブウっとやりゃ、そいつの力がぬけてしまうわな。そうすりゃ、勝負《しょうぶ》はいっときに決まってしまうがな。

　そこで、そう方、がまんにがまんをしたな。

赤鬼や顔がまっかになった。青鬼や顔がまっさおになった。それでも、力はぬくわけにゃいかないでな。行司は、二ひきがじっと動かなくなったので、大きい声で気合いをいれたな。

「はっけよい！」

　その時だ。このかけ声を待っていたかのように、二ひきの鬼がいっぺんに力を入れたから、たまんない。がまんに、がまんをかさねていたたがいのおならが、

「グオーッ。」

とばかり、山をゆるがせてふきだしたもんだ。

そのすごいことといったら。

　応《おう》えんしていた小鬼たちも、年とった行司も、土けむりといっしょに里の方までふき飛ばされてしまった。これが赤城《あかぎ》のからっ風だでや。

ところが、それだけじゃなかった。へえひった当の二ひきの鬼《おに》もまあなんと、その勢《いきお》いで空高くまい上がってしまったもんだ。

やがて二ひきは、木《こ》の葉《は》がまうみてえに、くるくる回りながら落っこちて来た。それがよ、赤鬼ゃしりから落ちたもんで、でっかい穴《あな》を、青鬼ゃ頭からつっこんで、ちいせえ穴を山のてっぺんにあけただと。これが大沼《おおぬま》と小沼《こぬま》になったげな。

二ひきの勝負《しょうぶ》は、とうとうきまりがつかねかったと。それで今だに勝負をつづけちゃあ、からっ風吹《ふ》かせているだとよ。こんな歌《うた》があるがね。

赤城山《あかぎやま》から、鬼《おに》がけつ、つん出して、なたでぶっ切るよなへをたれる

早くねろねろ、また風あれる。赤城へっぷり鬼またへをたれる

アラ、ギッチョンギッチョンナ。

話　者・須藤　りん
（採話地／山田郡大間々町）
再　話・須藤益三郎

ブスとカア

むかし、ブスとカアという兄弟《きょうだい》が住んでいたとさ。ブスのほうが兄で、ふつうの人だったが、弟のカアは大ばかもんだったと。あるとき、親の年《ねん》き※をすることになって、

「カアよ。お寺に行って、おしょうさんに念仏《ねんぶつ》をあげてもらえるかどうか、たのんできてくれ。」

と、ブスに言われたカアは、出かけて行ってお寺の門のところで、

「おっしゃん（おしょうさん）、おっしゃん、あした、親の年きをするから、来てくんない。」

とどなったら、寺の屋根の上でカラスが、

「アオ、アォ」

と鳴いたんで、カアはそれが返事《へんじ》だと思って帰ってきたんだと。兄のブスが、

「おしょうさん、何と言ったか。来てくれると言ったかい。」

と聞くと、カアは、

「屋根の上で、黒い着物を着たのが『アオ、アオ』って言ったから、帰って来た。」

というと、兄さんは、

「そんなことじゃだめだから、自分で行ってくるべえ。」

と言って、

「今、ごはんしかけてあるから、よく火をもして、ふいたら火を引け。」

と言って出て行った。カアが火を燃《も》していると、そのうちに、ブスブスとごはんがふき出してきたんだと。するとカアは、

「ブスはお寺に行っていないよ。おれはカアだよ。」

と言ったが、ごはんはそれでもブスブスとふいていて、いくら言っても言い続《つづ》けるんで、カア

はおこっていろりの灰《はい》をなげこんだが、まだブスブス言ってるんで、裏《うら》の竹やぶへ持って行ってみんな捨《す》てちゃったんだと。ブスが帰ってきて、

「カアよ、ごはんはできたかい。」

と聞くと、

「なんだか知らねえが、ブスブス言って、いくらカアだって言ってもだまらないから、裏の竹やぶへ行ってまけちゃった（ひっくりかえして捨てた）。」

というと、ブスは、

「それじゃあしょうねえ（しかたない）から、拾《ひろ》ってあまさけでも作るべえ。」

と言って、拾ってよく洗《あら》い、あまさけをこせえた《（こしらえた）》と。そして、

「これを二階《かい》にあげるんだから、になってくれ。」

と言って、ブスとカアとで持って行き、はしご段《だん》を上がって行くとちゅう、重くなってくたびれたんで、ブスが、

「カアよ。かめのけつをよく押《お》さえろ。」

というと、カアは自分のけつを押さえていたんで、かめは下に落ちてしまい、なかのあまさけはみんなこぼれてしまったんだって。

出典・上野　勇編「利根昔話集」

（採話地／利根郡新治村）再　話・橋爪鉄次郎

田畑　一夫

注　※年き＝人がなくなって何年かたったあと、なくなった日に物《もの》をそなえておがむこと。

オチャピンチャンプー

むかし、わしらの村に、それはそれは、なかのいい、はたらきもんのおじいと、おばあがあったって。

ある日、おじいがぼたもちしょって、山へ畑うない《たがやし》に行くと、おばあは、ざしきはきをしちゃあいただって。

おじいは、四十づかの畑をいっしょうけんめいふんごろ《たがやした》がしただって。

あんまり、せっこう《いっしょうけんめい》よくうなったで、くたびれて、畑のきわにえんが（畑をたがやす道具）をおったてて、休んでいると、そのうちに、えんがの先に、それはきれえな、ちいせえ鳥が止まっただって。

おじいは、これえつかめえて、おばあに見せてえもんだと思って、ぼたもちのあんこをなめてから、もちいねって、ぶっつけただって。

そうすると、いいあんばいに、きれえな鳥にぶっつい《(あたる)》ただって。

おじいは喜《よろこ》んで、もうぞ《(すぐ)》、とんでいって、でえじに《(大事に)》つかめえると、鳥の羽《はね》をなめなめ、ぼたもちとってやっただって。

そうしたりゃあ、どうしたはずみか、うっかりして、鳥ごとのみこんじまっただそうだ。

こりゃあ、えらいことになったちゅうわけで、口をこすっていたりゃあ、めためた《(さらに)》、のどん中へ、へえっちまっただって。

こりゃあ、よわったもんだ。お医者《いしゃ》でもたのまなきゃあなんねえと思っていると、むず、むず、むずと下の方へ、下がっていぐだって。

苦《くる》しくもねえから、そのうちに、けつからでもとびだすだんべえと、腹《はら》をなでていると、へそのあたりで、むず、むずしてきただそうだ。

そのうちに、へそから、ポンとちいせえ足ふんだしたって。

よし、ここからひきぬいてやるべえと思って、いっしょうけんめいもんでから、そうっと、引いてみただって。

そうしたりゃあ、それは、それは、いい声で、

「きみのごゆわい、オチャピンチャンプー。」

って腹ん中で鳴いたって。

こりゃあ、みょうな《(おかしな)》鳥だ。ひとつおばあに、聞かせべえって、さっそくけえって、

「おばあ、けえったよ。」

って言ったって。するとおばあは、あんまり早くけえってきたもんで心配《しんぱい》して、

「おじい、どういうわけだい、どっか体でも悪いだかい。」

っていうだって。

「どこも悪かあねえが、こういうわけだい。ひと休みしていたりゃあ、きれえな鳥が、えんがの先に止まったで、ぼたもちぶっつけたりゃあ、うまくあたったで、ぼたもちなめなめ取ってやっていたりゃあ、うっかりしてのみこんじまっただ。それで、そのうちに、へそから足ふん出したで、そうっとひっぱってみたりゃあ、えらい、いい声で鳴くで、おばあに、聞かすべえと思って急いでけえってきただ。」

「そうかい、そりゃあ、えらいこんだ、もういっぺん引っぱってみさっしえ。」

「そんじゃあ、引っぱってみるよ。」

「きみのごゆわい、オチャピンチャンプー。」

「こりゃあ、おもしれえ、どうだい、おじい、痛《いた》くもなかったら、ひとつ、へっぴりじじいに
　行ってこねえかい。」

って、おばあがいうだって。

「そりゃあ、よかんべえ、そんじゃあ、べんとうをこさえてくんねえかい。」

おばあにべんとうをこせえてもらったおじいは、となり村まで行って、

「へっぴりじじいがまいった。へっぴりじじいがまいった。」

ちゃあ、がなりながら、行っただって。

(と、大声でいいながら)

　するとˊ、いいあんばいに、

「下にいろ、下にいろ。」

って、さむらいの行列《ぎょうれつ》がきただって。

「こりゃあ、よかった。」

って、もっとでっかい声で、

「へっぴりじじいがまいった。へっぴりじじいがまいった。」

ちゃあ、いうだって。

　すると、さむらいが、

「そこに、失礼《しつれい》なもんがおるが、なにもんだ。」

っていうだって。

「へっぴりじじいと申《もう》すものです。」

というと、

「へっぴりじいとやら、どんなへをするか。」

「へえ、そりゃあ、世《よ》にもめずらしいのをやってみせます。」

「よし、それでは、ひってみせろ。」

「へえ、ただ今。だが、ただじゃあひれません。年よりだで、ふとんをしいてもらいてえ。」

「よし、村のものからかりてしいてやれ。」

ふとんをしいてもらったおじいは、その上にあがって、はんてんの下から、そっと手を入れて、鳥の足をそっともっていただそうだ。

すると、

「早くひらねえか。」

と、さいそくするで、

「はい、ただ今。」

って、そっと足をひっぱったただって。

すると、そりゃあ、なんとも言えない、いい声で、

「きみのごゆわい、オチャヤピンチャンプー。」

って、ひってみせたって。

「こりゃあ、おもしろい。おじい、もういっかいひってみせろ。」

っていうんで、

「きみのごゆわい、オチャピンチャンプー。」

って、ひってみせただって。

　さむらいやら、けらいやら、大喜《よろこ》びで、金やら、なにやら、たんとくれただって。

おじいは、それを、腹《はら》まきにしまって、けえってくると、おばあは、庭に出てまっていただって。

ふたりして、おくのへやの銭箱《ぜにばこ》に、ジャラ、ジャラ、ジャラ、ジャラってあけただって。

すると、となりの欲深《よくふか》おじいが、この音を聞きつけて、

「おめえなんずは《(おまえなどは)》、えらい銭の音をさせていたが、どうしてそんなに、金もうけしただい。」

って、きただって。

「まあ、なんでもねえだが、おばあに、お茶づけ作ってもらって、へっぴりじじいに、行ったりゃあ、お代官《だいかん》さんに、えらいほめられて、金もらっただい。」

っていうと、

「おれも、行ってきてえだが、どうすりゃあ、いいだい。」

「そりゃあ、へっぴりあかざ《(草のなまえ)》をたんとくって、行きゃあいいだ。」

それから、その次の日に、へっぴりあかざを山から、山ほどとってきて、うでて《(ゆでて)》、一日食《く》っていただって。

そうしたりゃあ、腹がピンピンはったで、べんとうをこせえてもらって、出ていったって。

となり村につくと、苦《くる》しい腹を、さすりながら、

「へっぴりじじいがまいった。へっぴりじじいがまいった。」

ちゃあ、いぐと、また、いいあんばいに、さむらいの行列《ぎょうれつ》がきたって。

「下にいろ、下にいろ。」

「そこにみょうなおじいがいるが、ひとつへをひらせてみろ。」

っていったって。

「ひるにゃあひるが、ふとんを三枚《まい》しいてもらいてえ。」

というと、

「やっけえな、おじいだ。しかたねえ、かりてしいてやれ。」

おじいは、重てえほどはった腹《はら》をおさえながら、苦《くる》しそうにふとんの上にあがると、しばらく腹あもんでたって。

「早くひれ。」

「はい、ただ今。」

「ウッ、ウッ、ウッ、ウッ。」

ちゃあ力を入れると、あかざをあんまり食いすぎていたもんで、たらふく食ったあかざを、ふと(と)んの上にしり出してしまったただそうだ。さむらいは、おこったの、おこらねえの。

「こんなへっぴりじじいがあるもんじゃあねえ。」

「こんなきたねえもんを。」

って、みんなでずりおとして、たたいたり、けったりされて、ちんだら(血だらけ)まっかになって家へけえってきただって。

ところが、家の庭先で待っていたおばあは、川むこうを、まっかなきもんをきて、帰ってくるおじいを見ると、大喜《よろこ》びで、

「こりゃあ、おらがおじいは、あんなに赤いきものをもらってきたで、こんなきたねえ、ぼろきものは、かまん中にくべて、もしちまえ。」

って、みんなもしてしまったたって。

話　者・山本貞次郎
（採話地／吾妻郡六合村）
再　話・山本　茂

雷《かみなり》さまの手伝《てつだ》い

むかしむかし、あるところに、いつもね小便《しょうべん》をして、こまっている子どもがいたんだって。今夜《こんや》、ね小便をすれば、うちを追いだされてしまう。今夜こそはね小便をすまいと思って、いっしょうけんめいがまんしていたんだけど、とうとうしてしまったんだって。

それで、うちを追いだされてしまったんだって。

それで、その子はふとんをしょって、山の方へ歩いて行ったんだって。そしたら、日がくれてしまって、こまったなあと思って、ふと見ると、あかりが見えたんだって。子どもは、そこへたずねて行った。

そしたら、おばあさんがいた。

「今《こん》ばんは。おばあさん、道にまよってこまっています。どうか、今ばんひとばんとめてください。」

「ああ、いいよ。とまっとくれ。」

というので、とめてもらうことにした。夕はんを食べて、おくり《(おく)》のざしきにねかしてもらったんだって。

夜中になるとおじいさんが帰ってきて、

「おばあさん、今日は人たのみに行ったけど、人がたのめなかった。だめだったよ。」

「おじいさん、それじゃ、今ばん、うちに子どもがとまっているから、その子にたのんだらよかんべえに。」

それで、その子に仕事をたのむことにしたんだと。

おじいさん、おばあさんは雷《かみなり》さまだったわけだ。

つぐ日、三人で夕立ちをふらせに出かけた。

おばあさんがかがみをふりまわす、ぴかぴかっておひかりがする。

そうすると、おじいさんが、たいこをどどおんと鳴らす。

子どもが、手おけに水くんでおいて、ささの葉に水をつけてふりまわして、大雨をふらす。

こうして、子どもは、雷さまの手伝いをしながら、雲にのって、大雨をふらせていたって。

そうして、自分のムラの上まできたんで、うんと雨をふらせてやろうと思って、ささっぱに水をいっぱいつけちゃふり、つけちゃふっていたんだって。

それで、下じゃどうしているだんべと思って、雲のきれめから下をのぞいてみたんだって。

見ると、下じゃ、大夕立《おおゆうだち》がきたって、大さわぎしているんだって。

子どもは、おもしれえって、のぞいているうちに雲から足をふみはずして、すとうんと、下へおっこちてしまった。

そうしたら目がさめた。気がついてみたら、またね小便しちゃった。ね小便《しょうべん》のふとんの中にねていたんだって。

話　者・富沢　ちよ
（採話地／利根郡新治村）
再　話・井田　安雄

へっぴりよめご

一

むかしむかし、むすこのげえ《（むすこに）》、よめえもらったりゃあ、そのよめゃあ、めた《（どんどん）》やせるだあむし《（ねえ）》。えっくら《（いくら）》飯《めし》いくったって、めたちっちゃくなって、はあ《（もう）》骨《ほね》と皮《かわ》ばっかになっちまったださあ。

ふんでまあ《（それで）》、しゅうとばあさんが、

「どうしてまあ、飯いくってるだに《（いても）》、あねえ《（よめ）》はそんなにやせるだ。」

って、聞いてみただと。

「おらあへが出てえだい。」

「まあ、へなんざあ、えっこう《（いっこう）》がまんするこた

あねえ、こげえ《（たくさん）》たんしりゃあいいや。」

「そんじゃあ、しっても《（ひっても）》いいかん《（かい）》。」

「ああいえーとん《（いいとも）》、へなんざあ、えくらしったってん、だれだって、みんなしってるだから。」

そう言ったら、ひり始めただって。

「ブーブーブー。ブーブーブーブー。」

そいでおっぱじめて《（はじまると）》はあしゅうと《（もう）》のばあさん、じいさんは、ひいろ《（けむりの出口）》へふき上げられっちまって、ばあさんが、

「へのくち止めてくだあれ《（ください）》。へのくち止めてくだあれ。」

って、それえ《（そう）》いうだが、いっこう聞きゃあしねえ。

「ブーブーブーブー。ブーブーブーブー。ブーブーブーブー。ブーブーブーブー。」

ひりっぱなしだだよ。

「ああ、あねえたのむ、あねえたのむ。」

まあ、ばあさんち《（たち）》、しめえには《（しまいには）》、ネギ畑へ落ってきて、つかまりゃあ、ネギがこけ《（ぬけ）》、つかまりゃあ、ネギがひっこけて、ネギ一つか（約《やく》二アール）みんなむしっちまっただと。

「どうしてんまあ《（どうしても）》、あねえとめてくんろ、とめてくんろ。」

ばあさんちは、そこいらじゅう、

「わあ。わあ。わあ。わあ。」

って、あれだっちゅうわい《(あんなようすだったということだ)》。しめえに、

「スーッ。」

と、への口止めたりゃあ、じいさんとばあさんは、けつの穴《あな》へ頭の毛ごとひっこまれて、しめえにゃあ、はげ頭になったたちゅうはなし。

話　者・山本　直義
（採話地／吾妻郡六合村）
再　話・市川　春男

二

むかし、あるところに、へばかりしているむすめがいたんだと。

そのむすめは、親から、よめに行っても、へをひればいられないと聞かされていたので、よめに行ってもがまんしていたら、顔色が青くなってしまったんだと。

しゅうとさまがわけを聞いたんで、よめさんがしゅうとさまに、そのわけを話すと、しゅうとさまは、よめさんに、

「えんりょなんかいらねえ。」

といったんで、

「それじゃ、ごめんなんし《（ごめんなさい）》。」

といって、よめさんがプウプウしたら、しゅうとさまが天じょうまでひりあげられてしまったんだと。それでしゅうとさまがあわてて、

「よめごどん、よめごどん、とめてくんろや、とめてくんろや。」

といったら、しゅうとさまが、すうすうすわれて、天じょうから落ちてきたということだ。それで、こんなよめでは、いっときもおけないから、早く出て行けということになって、よめさんは、その家から出されてしまったんだと。

よめさんが、家を出されて、ナシばたけのところへ来て休んでいると、そこには、小間物屋《こまものや》さん（女の人がけしょうに使う品物《しなもの》を売る人）が先に休んでいて、なんだか困《こま》っているような

顔をしていたんで、よめさんが、

「どうしたんだあね。」

と、小間物屋さんに聞くと、

「じつは、あのみごとなナシが食べたいんだが、取れないんで困っているんさ。」

といったんで、

「そんなことなら、お安いご用《よう》、落としてやるべ。」

と、よめさんがいったら、

「ナシを落としてくれたら、小間物を全部やろう。」

と小間物屋さんがいったんだとさ。よめさんは、

「それじゃ、ごめんなんし。」

といって、くるりとおしりをまくって、

「プー、プー。」

やったら、ナシがみんな落ちてしまったと。

小間物屋さんは、大喜《おおよろこ》びで、約《やく》そくどおり小《こ》

間物道具《まものどうぐ》を全部、よめさんにくれたんで、よめさんは、うれしくて、うれしくてまた、家へひっかえして、しゅうとさまにそのわけを話したら、しゅうとさまは、すっかり喜《よろこ》んで、

「やっぱし、へっぴりよめごでよかったのう。」

といって、それから後《のち》は、しゅうとさまとよめさんは、仲《なか》よく暮《く》らしたとさ。

話　者・村上　なみ
（採話地／太田市細谷）

再　話・井田　安雄

ばかむこどん

一

むかし、あるむこどんが、正月に年始《ねんし》に行っただふう《（そうです）》だ。

すると、そこのしゅうとめさん《（よめさんの母）》が、米のぼたもちいこせえてくれただふうだ。

そうすりゃあ、ちっちえ子が、まあ、手え出しちゃあいるだって。

しゅうとめさんは、

「おい、こりゃあ、おっかだよ。」

ちゃあ《（といって）》、ぼたもちい、子どもにやるだって。

すると、むこどんは、

「こりゃあ、まあ、よわった。おっかちゅうもんを得《え》て《(もらって)》食《く》うだが、まあ、得て食わねえのも、ならねえし、こまった。」

と思っているってえと、

「むこどん、はあ《(もう)》、朝めしができたから、おきて食わっしえ。」

って、むこどんをおこしただって。

むこどんは、まあ、おっかちゅうもんをはじめて得て食うだが、まあ、こまると思って、おそる、おそる食ってみりゃあ、米のぼたもちだもんだから、しごくうまいだそうだ。

それから、はあ、家へけえる時、しゅうとめさんは、ぼたもち、重箱《じゅうばこ》に、一つあずけてよこしたって。

そこで、むこどんは、それえ、ぼうのうら《(さき)》へつっかけて家へけえってきたただつうだ。

ところが、家の前の小せぎ《(小さいみぞ)》をまたいだひょうしに、重箱が、ぼうからはずれて、小せぎのぬかるみへ、ぼたもちがひっぱたけた《(ころがりおちた)》ただそうだ。

するってえと、ぼたもちのあんがはげて米のもちがとびだしたただふうだ。

すると、むこどんは、えらいいきおいで、おこって、

「このおっかのやろうめ、人に、白歯《しらは》で《(かみつくのか)》向こうか。」

って、ぼうで、みんな小せぎへつつきっこんでしまっただと。

それから家へけえってきて、

「おりゃあ、しゅうとさんちへ行って、おっかちゅうもんを得て食っただが、得て食うにゃあこまると思って、得て食ってみたりゃあ、えらいうまくって、重箱へ入れて、家へ持ってきたが、家の前の小せぎのとこで、重箱からはたけて、おれげえ（おれに）、白歯で向かったから、小せぎへ、みんな、ふんごんできた。」

って、いったって。家のもんは、おめえのようなばかもんじゃあ、しかたねえって、そういう話だ。

話　者・山本　しめ
（採話地／吾妻郡六合村）
再　話・山本　茂

二

むかし、ばかむこがお客《きゃく》にいったんだって。さきでうんとうまいもんをごっそうになったんだってさ。そのごっそうの名をたずねたところ、

「これはぼたもちっちゅうもんだ。」

と、教えてくれたんだって。ばかむこは帰るとちゅう、ぼたもちぼたもちっていってきたんだけど、川を、どっこいしょってとんだもんだから、ぼたもちでなく、ちがってしまって、

「どっこいしょ。」

になっちゃって、うちへ帰って、うちのひとに、

「何ごっそうになってきた。」

と聞かれて、

「どっこいしょこしらえてくれ、うんとうまかった。」

と、いったんだけど、おばあさんはわかんないんで、ばかむこに、

「どっこいしょなんてくいもんあるもんか。」

といって、はたいたかなんかしたんだいね。そしたら、ばかむこのあたまに、こぶがでたんで、

「こりゃ、ぼたもちのようなこぶがでたい。」

といったら、ばかむすこは、手たたいて、

「それ、そのぼたもちつくってくれろ。」

と、いったんだってさ。こういう話。

話者・山田　まつ（採話地／前橋市東大室）
再話・阿久津宗二

三

むかし、あるところに、ばかなわけえし《（若い男）》がいたっちゅう。

このわけえしには、年ごろになっても、よめご《（およめさん）》なんかあ来てがいなかったあめえ《（ねえ）》。

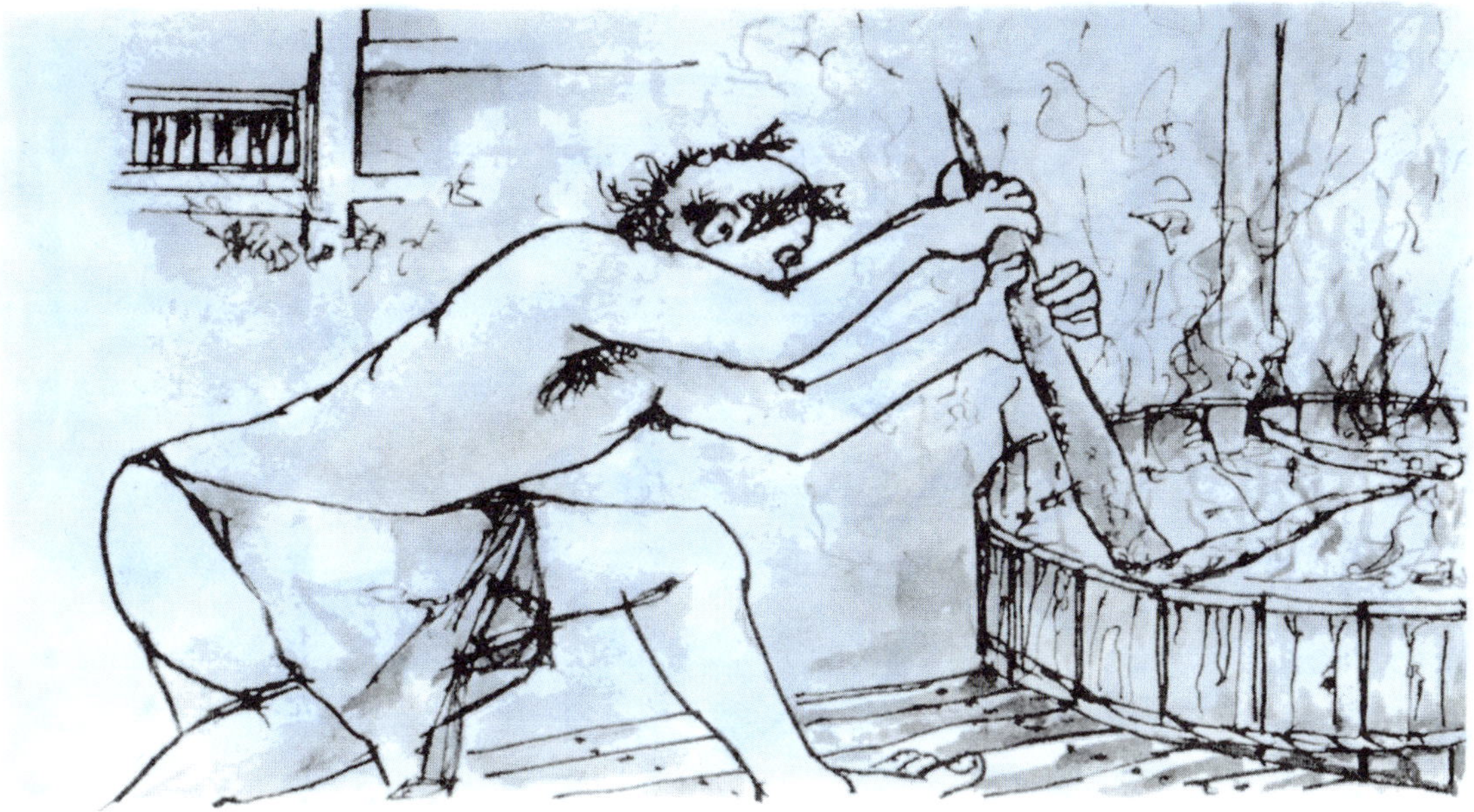

だけんど、おっかあが心ぺえしてかけずりまわったおかげで、やっと、よめごがめっかった《(見つかった)》あちゅう。

ごしゅうぎもすんだある日、よめごといっしょに、里げえり（およめさんの生まれた家にいくこと）にいったあめえ。

ばかむこは、やっとこさ《(やっとのことで)》、とちゅうでよめごにおさあった《(おしえてもらった)》とおりに、ごじんぎ《(あいさつ)》ができたんで、ほっとひといきついたあめえ。

よめごんちのしが《(人が)》、

「なげえ道中《どうちゅう》、ごくろうでがんした《(でした)》。つかれたんべえから、湯《ゆ》さあへ《(おふろへ)》えってくんない。」

というんで、ばかむこは、のこのこと湯どのさ《(おふろ場へ)》あ行ったあめえ。

ところが、お湯に、足をつっこんだら、あっちくって、あっちくって、へえりょうがねえ《(はいることができないのです)》んだあめえ。

「どうすんべえ《(どうしよう)》。」

まありい《(あたりを)》、きょろ、きょろ見まわしたばかむこは、いいもんをめっけたあめえ。

その、いいもんちゅうんは、おこうこう《(たくあん)》だあめえ。

湯《ゆ》どののそばのつけもん小屋から、ぬかのついたおこうこうを、一本ひっぱり出して《(とり出して)》きて、湯ん中あ、ぐる、ぐる、かんまあしった《(かきまわした)》っちゅうもんだ。

「まだ、あっちいぞ。ようし、もう一本。」

また、新しいのを一本持ってきて、かんまあした。

「まだ、あっちいぞ。ようし、もう一本。」

っていっているうちに、お湯も、ちょうどへえりごろ《(はいりよいあつさ)》になったあめえ。

ばかむこは、ザブンと、湯ん中さへえって《(はいって)》、頭さ手のごい《(手ぬぐい)》をいっけて《(のせて)》、むりに鼻歌《はなうた》を歌いだしたあめえ。

その調子《ちょうし》を聞いたよめごんちのしが、

「むこさんやあ、湯かげんは、どうでがんす《(いかがですか)》。」

と、声をかけたあめえ。

ばかむこは、ちょうどそん時、歌あやめて、かんまあした《(かきまわした)》、なげえおこうこうを、ガリ、ガリ、かじっていたんで、あやけて《(あわてて)》しまったあめえ。

「ああ、いい湯でがんす。はあ、それに、おこうこもうんめえし。」

と、ゆったあちゅうもんだあ。

よめごんちのしは、なんだげな《（どうしたんだろう）》と思って、のぞいて見てたまげた《（おどろいた）》あめえ。お湯は、まっ黄色《きいろ》だし、そこらじゅう、なげえおこうこうのくいっちらかしが、ほん投げて《（ほうり投げて）》あったんだからあえ。

お湯が熱《あつ》けりゃ、おこうこう入れてかんまあせっちゅういい伝《つた》えをとっちげえて《（とりちがえて）》、お茶《ちゃ》わんでなくって、お湯ん中へ《（おふろの中へ）》おこうこう入れてかんまあしたっちゅんだからめえ。

話　者・今井　こと（採話地／甘楽郡南牧村）

再　話・梅沢　博司

磯貝みほ子

四

ばかむこどんがよめさんの家へ行ったときのことだ。

トウモロコシのだんごをごちそうになったむこどんは、一ぱいめをうんとほめ、うんと食《た》べたんだと。そうしたら、よめさんの家の人が、

「うんと食《く》え、うんと食え。」

と、だんごをどんどん出してくれたんだと。

むこどんは、しまいには、まずくて食えなくなったんで、皿《さら》ごと縁《えん》の下へ投げこんだということだ。

この辺《へん》では、モロコシのだんごを食べると、はじめの一ぱいめは、おおく《（たいへん）》うまいので、モロコシを三反《たん》（約《やく》三十アール）も作るべえやという。二はいめになると、二反にすべえやという。三ばいめには、一反にすべえやという。

モロコシのだんごは、あんまり食べると、あきてしまうという話さ。

話　者・清水　こと
（採話地／新田郡 籔塚本町）
再　話・井田　安雄

五

ばかむこどんがよめの家へ行ったときのことだ。

よめのところでもちをついてくれることになって、もちをついていると、そこへ子どもが来て、じゃまをしてあぶないんで、よめの親が、

「もちが食いつくぞ。」

と、子どもにいったんだと。

それをむこどんがそばで聞いていて、もちをだしてもらったが、もちがおっかなくて、食べられなかったということだ。

そのあと、むこどんは、よめさんの家の人に、もちを重箱《じゅうばこ》につめてもらったんで、ふろしきに重箱を包《つつ》んで、長いぼうの先にぶらさげてかついで帰ってきたんだと。と中まで来ると、重箱がすべって背中《せなか》に落ちてきたんで、むこどんは、もちに食いつかれたと思ってもちをひっぱたい

たもんだ。

そしてむこどんは、家へ帰ってきてから、

「もちが、白いきばをだしてむかってきた。」

とよめさんに話したとさ。

話　者・清水　こと
（採話地／新田郡藪塚本町）
再　話・井田　安雄

いんごうそうべえ

いんごうとはな、悪業《あくぎょう》ということでわるいおこないをすることだが、思いやりのないがんこのやつもいんごうものだというな。そのいんごうそうべえさんだからおもしれえ話がいっぺえある。

そうべえさんがお伊勢参《いせまい》りに出かけたある日のことだがな。あまりのそまつなしたくをしていたので、宿屋《やどや》ではあんどん部屋《べや》へ案内《あんない》してとめた。だがそうべえさんはお金をたんまりもっていたので、どうにも腹《はら》の虫がおさまらねえ。

翌朝番頭《よくあさばんとう》さんがきたのでさっそく、

「おいおい番頭《ばんとう》さん、太太《だいだい》（太神楽《だいかぐら》）※をぶちたい《（やりたい）》がいくらあったらぶてる。」

何を言ってるこのとっつあん、こんな身なりでゆめのようなことをいいおって、と番頭さんは思ったが、そこは商売《しょうばい》、そんなことおくびにも出さずにあいそうよく、

「ヘイ金子《きんす》七十五円あればぶてます。」

「七十五円あればぶてるんだな。」

「はい。」

「ほんとうかな。」

どうせありもしねえにでっけえことばかり言ってらあと思ったものだから、ついつい、

「七十五円あれば、太太でも九年母《くねんぼ》※でもぶてます。へえ。」

いんごうそうべえさん、耳をそろえて七十五円ならべ、九年母をぶってくれねえか、とたのんだ。

番頭さん、これはいいすぎたと思ったがもうあとのまつり、あれこれ言いわけをしても、そこはいんごうで通ったそうべえさん。何が何でも九年母をたのむと言いはる。ついには宿屋《やどや》の主人まで出て来てあやまったが何としてもしょうちしないんだよ。

それから、かなり長い間、そうべえさんはこの宿屋にいたそうだが、宿屋ではたいそうなんぎをしたそうだ。

それからな、短い話にはこんなのもある。

そうべえさんが川の向《む》こうで何かまいているので、川の手前から、

「そうべえさん、何をまくだあ。」

と大声で聞くと、そうべえさんは、わざわざ橋をわたってきて、その人の耳のそばに口をあてて、

「ハトが聞いてるで、大きな声では言えねえが、マメをまいているだ。シー。」


短い話をいまひとつしとくかな。

そうべえさんの家が火事《かじ》になり、今にもむねが焼《や》け落ちそうだというのに、そうべえさんは家の中にすわりこんでこぶ《（コンブ）》をかんでいる。

「何をしている、そうべえさん、早くにげろ。」

「だってむね（胸《むね》）がやけるときは、こぶをかめばいいと言ったじゃねえか。それでこぶをかんでいるだ。」

と言ったという。

またそれからな、こんな話もあったけ。

十二月三十一日の年とりの晩《ばん》、そうべえさんは寺からそう式につかうみょうはち（シンバルに似《に》た楽器《がっき》、仏教《ぶっきょう》の式などでつかう。）をかりて来て、山田《やまだ》の―◯《ボーマル》（屋号）という物《もの》もちの家へもちこんだ。

「これを質《しち》に金を貸《か》してくれねえか。」

とたのんだ。

「そんなもの値《ね》がわからねえからだめだ。」

と―◯の主人《しゅじん》がことわると、

「いや、音《ね》はわかるんだ。」

と言って、みょうはちをたたいてジャンジャン音をたてた。

えんぎでもねえ音をジャンジャン年とりの晩にされてはどうしようもなねえ、しかたなしに主人は金を出して、

「このくれえあったらどうにかこうにか年がとれるだろう。」

と言って金をわたした。

翌日《よくじつ》、元旦《がんたん》の朝主人が年始《ねんし》にまわっていき、

「はい、おめでとう。おめでとうがんす。」

といいながらそうべえさんの門をたたいたが、本宅《ほんたく》はるす。はてなと思いながらぐるぐると家のめぐりをまわってみると、なんとそうべえさんはせっちん（便所《べんじょ》）にすわっている。

「はてどうしたな、そうべえさん、そんなところにすわって。」

とたずねると、

「いやあ、ゆうべ、ご主人が、どうにかこうにか……といわれましたが、堂家《どうか》（客《きゃく》をもてなし、礼式《れいしき》を行うたてもの）がないので後《こう》か（便所のこと）で礼受《れいじゅ》（改《あらた》まったあいさつを受けること）いたしますべえ。」

と言ったそうだ。

話　者・寺島山三郎（採話地／吾妻郡吾妻町）
再　話・牛木　茂樹

注　※太太《だいだい》＝伊勢神宮《いせじんぐう》で、町や村の人びとが奉納《ほうのう》する神楽《かぐら》のこと。
※ダイダイ、クネンボとは、柑橘類《かんきつるい》（ミカンの仲間）で二つとも実がよく似《に》ている。それで、太神楽のことを太太と言いながら、つい口がすべって「九年母《くねんぼ》」と言った。

天にとどく竹

むかしむかし、あるところに、おっとうとおっかあと、ひとりむすこがすんでいただと。

おっとうとおっかあは、毎日、むすこをるすばんに残《のこ》しちゃあ、畑仕事にでかけていくだって。

ある日、むすこがるすばんをしていると、近くの寺のこぞうがたずねてきたんだと。それでむすこに聞いただそうだ。

「おうい、こぞう、夕べの大風で、寺のつき鐘《がね》がふいちゃあこなかったかい。」

すると、むすこは、

「たしかにとんできたただ。ゆうべ、うちののきば（のき下）のくもい（クモのす）にひっかかって、チンリンガンガン、チンリンガンガンて、なってただ。」

といった。

こりゃあ、おもしれえことをいうこぞうだと、また聞いたそうだ。

「おめえのおっかあは、どこへ行っただ。」

「おっかあは、でっかい湖《みずうみ》がむるって（もるといって）、綿《わた》あもって、くしりもん（水のもれるところをふさぐ）に行っただ。」

といっただって。こりゃあおもしれえことをいうこぞうだ、と、また聞いたそうだ。

「おっとうは、どこへ行っただ。」

「おっとうは、富士《ふじ》の山が、おっけえる（たおれる）って、おがらあ（アサのから）三本もって、つっかい（ささえの棒）棒《ぼう》に行っただ。」

というだって。

寺のこぞうは、あんまりのことにあきれて、けえっちまったそうだ。

そこへ、おっとうと、おっかあがけえってきただって、

「わしらがるすに、だれか、たずねてきゃあしなかったか。」

と聞くと、

「うん、きたきた。近くの寺のこぞうが、つき鐘がふいちゃあこねえかってきたから、うちののきばのくもいにひっかかっていたっていったりゃあ、おっかあはどこだって聞くから、でっかい湖がむるって、綿あもって、くしりもんに行ったっていったりゃあ、おっとうは、ど

こだって聞くから、おっとうは、富士《ふじ》の山がおっけえるって、おがらあ、三本もって、つっかい棒《ぼう》に行ったたっていったりゃあ、けえっちまった。」

といっただそうだ。

すると、おっとうはえらいけんまく《(いきおい)》でおこっただって。

「このばかもん、なんということをいうだ。おめえのようなもんは、しょい出して《(せおっていって)》、山へでも、ぶちゃって《(すてて)》やる。」

といって、むすこをしょいこにゆっつけて《(しばりつけて)》、しょい出したそうだ。

しばらくのぼったりゃあ、遠くに、でっかい湖《みずうみ》が見えただって。

むすこは、湖をゆびさして、

「おっとう、あすこに見えるでっけえもんはなんだい。」

と聞いただそうだ。

「ありゃあ、殿様《とのさま》のちょうず《(手あらい)》だれえだ。」

というと、また、遠くをゆびさして、

「あすこに天にとどく竹があらあ。」

というだそうだ。

「ばかもん、天にとどく竹なんずがあるもんか、ありゃあ、富士の山だ。」

といっただと。すると、

「だっておっとう、天にとどく竹がなけりゃあ、殿様のちょうずだれえの、たが※のかけげえ《（とりかえ）》ができなかんべえ。」

といっただそうだ。

するとおっとうは、感心《かんしん》して、

「おめえにゃあ、とてもかなわねえ。」

といって、また、家へしょいかえしてきたただそうだ。

話者・山本　いよ
（採話地／吾妻郡六合村）

再話・山本　茂

注　※たが＝おけのまわりにはめる竹などで作った輪《わ》。

群馬のむかし話地図

①源五郎ネズミ
②絵姿女房
③でえろんむすこ
④おとめのよめ入り
⑤ネズミ浄土
⑥カキ売りと
　トウガラシ売り
⑦かれっ木の
　花さかせじじい
⑧おじいさんの宝さがし
⑨ぬかぼこと　こめぼこ
⑩キノコの化けもの
⑪夢　み
⑫キツネと山伏
⑬むりどん
⑭かいげんとキツネ
⑮ツル女房
⑯オオカミのおんがえし
⑰野地穴の浦島ギツネ
⑱サルのきも
⑲一夜の田植え
⑳ネコの恩がえし
㉑カッパの話
㉒キツネのよめいり
㉓汽車をとめたムジナ
㉔ヘビの目

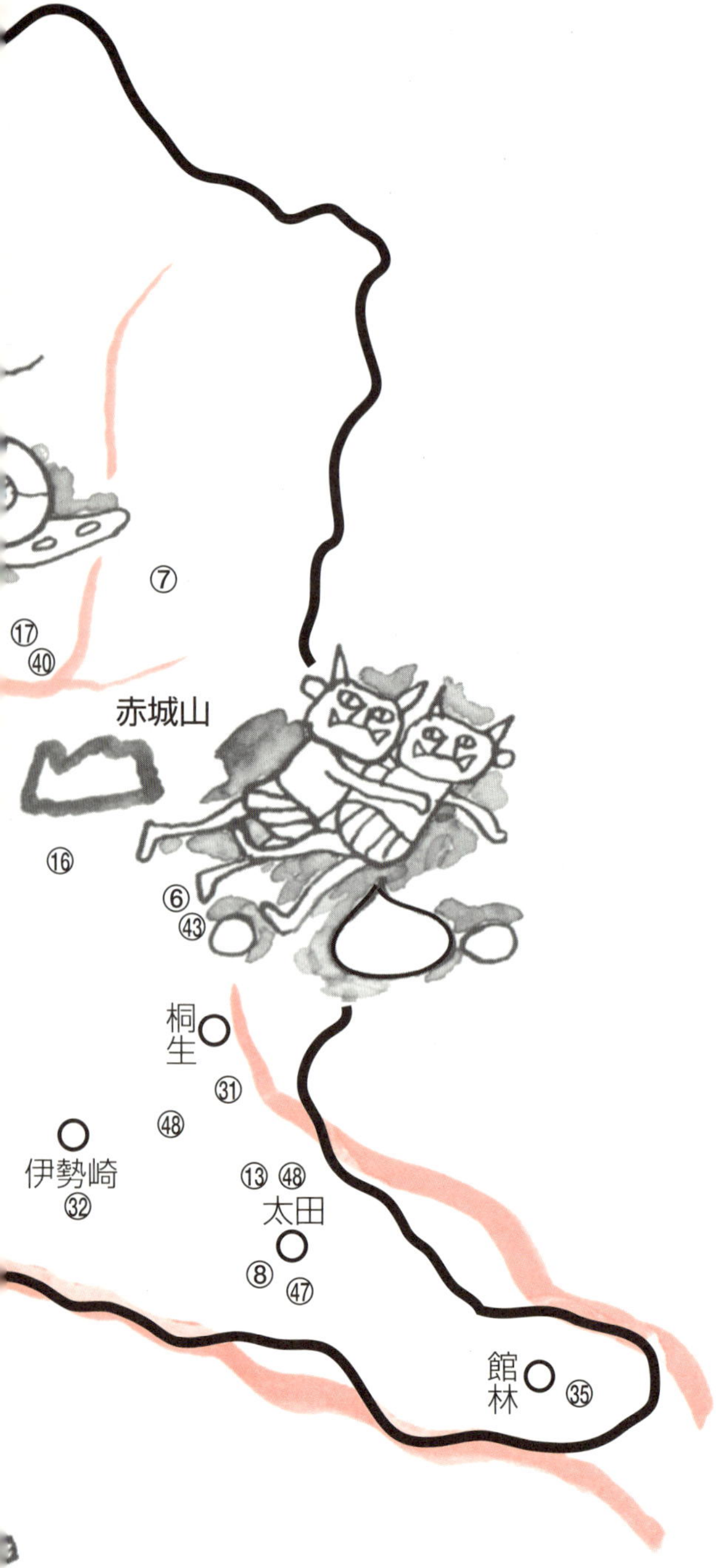

㉕鬼と長イモ
㉖山んばのばけたおよめさん
㉗うりひめとあまんじゃく
㉘サルのしっぽ
㉙きぬがさ姫
㉚村はずれの大入道
㉛西方寺の大力おしょう
㉜ちから五郎べえ
㉝引間の力庄衛門
㉞うなぎ橋
㉟おわん貸し沼
㊱チャンコロリン石
㊲夜泣き桜
㊳耳だけ極楽に行った話
㊴ぼたもち地蔵
㊵田植え地蔵
㊶信玄堂のお地蔵さま
㊷かさ地蔵
㊸赤城のへっぷり鬼
㊹ブスとカア
㊺オチャピンチャンプー
㊻雷さまの手伝い
㊼へっぴりよめご
㊽ばかむこどん
㊾いんごうそうべえ
㊿天にとどく竹

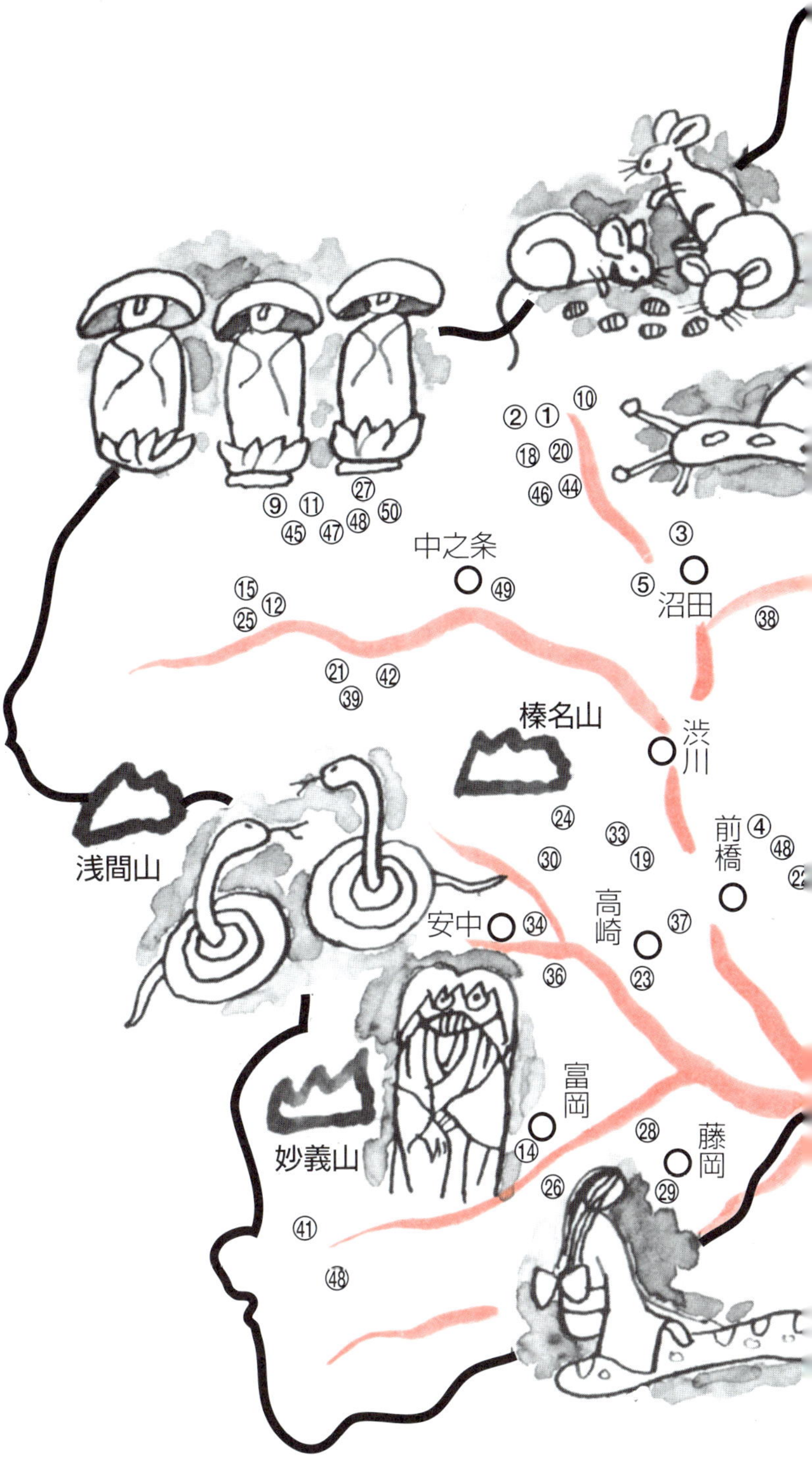

あとがき

上毛三山、上州武尊山、草津白根山、浅間山等の火山地形、そこに湧出する数多くの温泉、日本海気候の厳しさを曝す急峻な谷川岳、これらの山間に谷を刻む多くの支流を集めて関東平野に押し出す坂東太郎の流れ等々、上州は自然の宝庫と言えましょう。この自然の宝庫は、生活する人々の間に豊かな伝承を生み、数多くの民話をはぐくんできました。

『群馬のむかし話』編集委員会は、長い年月、ふるさと群馬に生まれ、語り伝えられた自然と人の営み、祖先の知恵、笑いと涙など、さまざまな民話を採集し、文章化して、『群馬のむかし話』を先般刊行しました。幸いにして、多くの子どもたちに愛読され、好評を博してきました。いま十余年を経て、この本の再刊を望む声をそこここに聞くに至り、出版社と相談して改訂版を出す次第となりました。採話地の地域的なバランスや話種のそれを考慮しながら改訂作業を行いました。初版編集時のこころを崩すことなく、内容面で一段の前進を期したこの改訂版も、きっと子どもたちや家庭のご期待にそって快くむかえていただけるものと信じております。

なお、この『群馬のむかし話』編集に当たって、民話を語ってくださった方々、採集に努力された方々に厚くお礼申し上げるとともに、初版編集をご指導くださった今は亡き上野勇先生の霊に合掌いたす次第です。

群馬のむかし話編集参与（群馬県小・中学校教育研究会長）劔持平三郎

◆『読みがたり　群馬のむかし話』発行にあたって

一九七七（昭和五二）年に初版発行された『群馬のむかし話』は、その後一九八八（昭和六三）年には『改訂版　群馬のむかし話』として再発行され、県内の皆様に親しまれてまいりました。このたび、その『群馬のむかし話』を、よそおいも新たに発行することになりました。発行にあたっては、現代の社会事象に合わせて内容を検討し、文字も大きく読みやすくいたしました。語られたむかし話を丁寧に採話してつくった本ですので、なるべくもとのお話の形をそのままいかして編集しております。『群馬のむかし話』のかけがえのない特長である「語り」や「方言」の味わいはそのままに、読みやすくなったこの本が、学校やご家庭で広く読まれ、語り継がれていくことを願ってやみません。

『読みがたり群馬のむかし話』編集委員会

『群馬のむかし話』編著者・協力者一覧

◇改訂版『群馬のむかし話』

◆内容を調べた人
上野　勇（前、上毛民俗学会代表）（故人）

◆編集した人
橋爪鉄次郎（編集委員長・前、前橋市立中川小学校長）
福原　太一（編集副委員長・前、伊勢崎市立北小学校長）
劔持平三郎（編集参与・勢多郡大胡町立大胡小学校長）
田畑　一夫（編集事務局長・前橋市立下川淵小学校長）

◆話を集めたり、書いたりした人
青柳　吉雄（前、沼田・沼田西中）
阿久津宗二（群馬県立歴史博物館）
阿部　孝（前、利根・入須川小）
阿部　正恵（前、安中・後閑小）
新井　正治（多野・鬼石北小）
磯貝みほ子（甘楽・妙義中）
井田　安雄（県立伊勢崎工高）
市川　春男（吾妻・入山中）
牛木　茂樹（吾妻・嬬恋東中）
内田伊年子（前、渡良瀬養護）
梅沢　博司（前、富岡・富岡中）
荻野　明正（沼田・沼田南中）
押江伊志夫（北群馬・長尾小）
落合　敏男（館林・第五小）
岸　衛（渋川・西小）
黒岩　和子（前、吾妻・六合第一小）
黒岩　憲司（前、吾妻・嬬恋東小）
豊田　久男（吾妻・嬬恋西小）
黒埼　與敬（伊勢崎・教育研究所）
小林　繁夫（邑楽・長柄小）
斎藤　辰雄（富岡・小野小）
佐藤　正則（前、多野・鬼石小）
佐野　進（高崎・浜尻小）
清水　真（佐波・芝根小）
鈴木喜久江（前、前橋・二之宮小）
須藤益三郎（山田・大間々東小）
関　利行（甘楽・秋畑小）
関口　正巳（前、藤岡・藤岡第二小）
関根みどり（前、群馬・群馬中央中）
高瀬　利一（館林・第一小）
橋爪ちくを（前、前橋・中央小）
細谷　久（利根・片品中）
前原　二夫（新田・笠懸東小）
山本　茂（吾妻・長野原中央小）
若林　群司（富岡・西中）

◆絵をかいた人
大橋　正夫（前、桐生・北小）
川辺喜一郎（館林・第六小）
小暮　啓一（前、伊勢崎・北小）
正田　壌（前、佐波・赤堀中）
田中　恒夫（前、前橋・岩神小）
渡邊　保（桐生・桜木中）

（氏名・勤務先は、改訂版『群馬のむかし話』初版発行時）

◇『読みがたり　群馬のむかし話』

『読みがたり　群馬のむかし話』編集委員会

◆「群馬のことば」　篠木れい子（群馬県立女子大学教授）

読みがたり

群馬のむかし話

1977年　8月　1日　　　『群馬のむかし話』初版発行
1988年　9月　17日　『改訂版 群馬のむかし話』初版発行
2005年　10月　20日『読みがたり 群馬のむかし話』初版発行
2011年　2月　20日『読みがたり 群馬のむかし話』2 刷発行

編著者　　群馬昔ばなし研究会 ©

発行者　　株式会社　日本標準
　　　　　代表者　　山田雅彦

発行所　　株式会社　日本標準
　　　　　〒167-0052
　　　　　東京都杉並区南荻窪3-31-18
　　　　　TEL 03-3334-2241（代表）

編集協力
制　　作　　有限会社　ポシエム

印　　刷
製　　本　　株式会社リーブルテック

NDC388／256 P ／21cm
ISBN 978-4-8208-0142-9
☆落丁・乱丁本はおとりかえいたします。
コード　3020500000110

〈表紙・カバーデザイン〉鶴見　雄一

☆『読みがたり　むかし話』シリーズについてのお問い合わせは
日本標準　郷土文化研究室 ／ TEL：03－3334－2620　FAX：03－3334－2623
E-mail：kyodo@nipponhyojun.co.jp